힐러리 클린턴

꿈이 있는 사람은 변화를 두려워하지 않는다

힐러리 클린턴
꿈이 있는 사람은
변화를 두려워하지
않는다

니콜 크라사스·데나 레비 지음
윤인향 옮김

좋은 책 좋은 독자를 만드는
㈜신원문화사

목차

HILLARY CLINTON 머리말

힐러리 로댐 클린턴 같은 공인에 관한 글을 쓸 때는 몇 가지 독특한 도전 과제가 따른다. 많은 정치인이 주목을 받지 못하는 것에 비해, 클린턴 상원의원은 사람들의 이목을 끌어당기는 자석과도 같기 때문이다. 심지어 대학 재학 시절에도 그녀의 이야기는 화제가 되었다.

그녀는 전형적인 미국의 교외에서 평범한 어린 시절을 보냈다. 하지만 대학을 졸업한 후부터는 이전의 삶과는 다른 행보를 보여 주었다. 지금 그녀는 미국 정계뿐 아니라 세계적으로 가장 유명한 여성 중 한 명이다. 한마디로 클린턴 상원의원은 존재 자체로 뉴스를 생산하고 판매하는 사람이 되었다.

　이런 유명한 사람에 대한 글을 쓴다는 것은, 자칫하면 대중들이 이미 알고 있는 식상한 이야기를 재탕한다는 인상을 줄 수도 있다. 하지만 우리가 알지 못하는 새로운 사실은 항상 존재하기 마련이고, 또한 우리가 안다고 생각했던 사실이 틀린 경우도 있다.

　힐러리 클린턴을 모르는 사람은 거의 없다. 그리고 힐러리를 아는 사람들은 그녀에 대하여 자신만의 견해를 갖고 있다. 어떤 사람은 그녀의 행보를 지켜보면서 동경한다. 반면 이상주의적인 견해라든지 외도한 남편을 떠나지 않는 것에 대해서는 실망하기도 한다.

　그렇다면 과연 대중들은 힐러리에 대해 얼마나 잘 알고 있을까? 그녀는 정치인이라는 공적인 직업을 가졌지만 사생활을 매우 중요시하였다. 힐러리는 끊임없이 자신의 삶을 캐내려고 하는 언론을 신뢰하지 않게 되었고, 또한 자신의 이익을 위해 언론을 활용하지도 않았다. 그녀는 성장하면서 스스로 독립성을 길렀고 자족할 줄 알게 되었다. 또한 사생활이 누출되는 미국 문화 속에서 그것을 즐기는 다른 유명 인사들과는 다르게 사적인 부분이 공개되는 것을 매우 꺼렸다.

힐러리 상원의원에 관해서는 이미 수많은 책들이 출간되었다. 그런 책들은 힐러리의 긍정적인 면과 부정적인 면을 모두 다루고 있다. 이 책은 그런 책들과는 다른 의도에서 집필되었다. 물론 정치학 전문가인 우리들은 그녀의 삶을 이야기함에 있어서 정치를 기본 틀로 잡고 있다. 이를 통해 힐러리 클린턴과 관련된 다양한 사건이나 활동, 그리고 업적을 독특한 방식으로 바라보게 된다. 정치학은 의회 구성원들의 역할을 설명하고 예비 선거가 대통령 선거에 어떤 영향을 미치는지를 다루며, 사회화가 개인의 관점을 형상화하는데 어떤 역할을 하는지 논의하는 학문이다. 힐러리가 어떻게 해서 정계에 큰 영향을 미치는 인물이 되었는지 이해하려면, 이런 정치학 이론과 더불어 여러 가지 요소를 고려해야 한다.

이 책에서는 힐러리의 삶을 연대순으로 다룬다. 제1장 부모의 이야기와 어린 시절, 제2장 대학과 로스쿨 시절, 제3장 아칸소에서의 삶, 제4장 1992년의 선거, 제5장과 제6장에서는 남편 클린턴 대통령과 함께 한 백악관에서의 삶, 제7장은 힐러리가 상원의원으로 활동한 내용, 제8장에서는 2008년 대통령 선거에 관한 내용을 다룬다.

이 책의 특징인 독특한 접근 방식이 독자들로 하여금 힐러리 클린턴의 '진면목'을 잘 알 수 있게 해 줄 것이다. 그녀는 성인이 된 이후로 계속되어 온 언론의 감시와 공격을 감당해 낸, 기막히게 똑똑하고 재능 있는 여성이다.

대중과 언론이 그녀에게 늘 공정했던 건 아니었다. 때로는 그녀 스스로가 시의적절치 않은 판단으로 이미지를 실추하기도 했다. 힐러리는 완벽한 여자가 아니라 결국 정치인이었다. 하지만 그녀가 청소년기부터 지금까지 미국을 위해 훌륭히 일해 왔다는 것에 대해서는 의문의 여지가 없다.

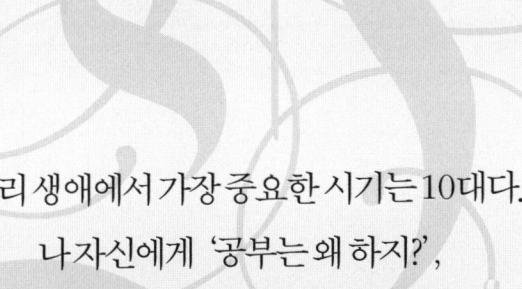

"우리 생애에서 가장 중요한 시기는 10대다.
나 자신에게 '공부는 왜 하지?',
'내가 뛰어나게 공부를 잘하려면
어떻게 해야 할까?' 라고 물어보아라!"

힐러리 클린턴

가족의 뿌리

　2007년 1월, 민주당 예비 선거 입후보자는 8명으로 늘어났다. 그 중 한 사람이 힐러리 클린턴이다. 힐러리가 예비 선거에 당선되면 그녀의 이름은 역사에 영원히 남게 될 것이다. 예비 선거에서 승리하면 대선에서 승부를 겨룰 기회가 주어지고, 이로써 미국 최초의 여성 대통령이 될 가능성이 대두되기 때문이다.

　그러나 힐러리 클린턴 상원의원이 이번 선거에서 승리한다 해도 그것이 힐러리의 첫 번째 성공은 아니다. 힐러리는 이미 전세계적으로 알려진 여성 정치인 중 한 사람으로 인정받고 있기 때문이다.

지난 세월을 돌아보면 힐러리의 인생은 굴곡의 연속이었다. 그럼에도 불구하고 그녀는 목표를 추진하기에 앞서 항상 주도 면밀히 계획을 세워 앞을 가로막고 있는 장벽을 뛰어넘었다. 1960년대 성년의 반열에 오른 한 여자 어린이가 수많은 난관을 극복하고, 마침내 꿈꾸기도 어려운 위치에 오르게 된 것이다.

그녀는 미국 역사상 최초로 상원의원이 된 영부인이었다. 오직 노력과 지성, 근면함 그리고 때맞춰 따라 준 행운을 등에 업고 민주당 대선후보로 지명될 시점에 이르렀다.

힐러리가 오랫동안 대중의 흥미를 자극해 온 것은 바로 그녀의 화려한 정치 내력이었다. 향후 2년에 거쳐 미국에서 가장 높은 위치인 대선 후보로 출마하게 된다면, 그 정치 내력은 계속 이어질 것이다. 그러나 현재의 입지를 이해하기 위해서는 앞서 그녀의 출발점부터 살펴볼 필요가 있다.

대부분의 사람들이 그러하듯, 성장기의 경험은 그 사람의 인생에 깊은 뿌리를 내리고 전 생애에 걸쳐 영향을 끼친다. 힐러리도 마찬가지였다. 어린 시절에 겪었던 경험과 그 시절에 받았던 영향이 오늘날의 힐러리를 만들었다.

힐러리 상원의원이 오늘의 모습으로 발전한 데에는 두 남자가 중요한 역할을 했다. 하지만 아이러니하게도 그 덕분에 힐러리 상원의원은 애초의 목표와 전혀 다른 방향으로 나아가게 되었다.

힐러리 클린턴의 이야기를 하기 전에 잠깐 숨을 돌려, 부모님의 이야기부터 살펴볼 필요가 있다. 왜냐하면 부모님의 어린 시절이 힐러리에게 강한 인상을 심어 주어, 그녀의 성장과정과 발전에 지대한 영향을 끼쳤기 때문이다.

힐러리 클린턴의 아버지 휴 E. 로댐은 펜실베이니아 스크란톤에서 성장했다. 스크란톤 레이스 사 임원의 아들이었던 로댐은 편직물 산업에 종사했던 것으로 알려진다. 삼 형제 중 둘째였던 로댐은 자신이 형과 남동생보다 훨씬 뒤떨어진다는 열등감 속에서 자랐다. 형인 월라드는 책임감이 강했고 남동생인 러셀은 머리가 좋은 우등생이었다. 그러나 로댐은 출석하는 교회에서조차 비행을 일삼거나 음주 운전을 하는 등 자주 말썽을 피웠다.

레이스 공장에서 일하는 것을 운명이라고 여겼던 로댐은, 절친한 친구가 펜실베이니아 주립대학의 축구 선수로 입학하면서부터 마음이 흔들렸다. 결국 축구 선수로 입학할 것을 결심한 로댐은 마침내 축구 선수로 특례입학하게 되고, 체육학사 학위를 받을 수 있었다.

15

대학을 졸업한 로댐은 스크란톤으로 돌아가는 대신 화물열차에 몸을 싣고 시카고로 갔다. 그리고 그곳에서 커튼 판매업을 시작했는데, 그때가 1935년으로 미국 대공황이 전역을 휩쓸던 시기였다. 당시 로댐의 어머니 한나 로댐은 아들이 펜실베이니아를 떠나는 것에 대하여 심히 우려했지만, 로댐이 커튼 판매업을 하게 됨으로써 그의 가족은 재정적 빈곤을 겪지 않게 되었다.

로댐은 그 당시 외판원으로 일하며 쌓은 경험과 섬유에 대한 지식을 이용하여 호텔과 은행, 사무실용의 커튼을 제작하는 사업체를 운영하게 된다. 적지 않은 일인 데도 불구하고 로댐은 모든 업무를 혼자서 처리했다. 섬유 구입, 커튼 재봉, 배송, 그리고 커튼을 다는 일까지 누구의 힘도 빌리지 않은 것이다. 로댐의 이러한 자립심은 고스란히 자녀들에게 배어들었다.

그의 자녀들은 남의 도움을 받지 않고 자신의 장점을 살려 성공할 수 있는 능력을 키우는 것에 대하여 긍정적으로 여겼다. 아버지가 그렇게 하길 바란다고 생각했기 때문이다. 따라서 자녀들은 일관되게 그러한 마음가짐으로 일을 대했고, 점차 능력과 자질을 갖춰나갔다.

다시 말해 로댐이 대학을 다니고 또 졸업한 후에 개인 사업에서 성공할 수 있었던 원동력은 아버지 휴 로댐이었다. 자녀들에게 아버지는 엄격한 스승이었던 셈이다.

힐러리의 어머니 도로시 호웰 로댐은 아주 혹독한 어린 시절을 보냈다. 도로시가 8살이 될 무렵 부모님은 이혼을 했고, 아버지는 도로시와 여동생을 돌볼 수 있는 능력이 없다며 그들을 포기하고 말았다. 어쩔 수 없이 도로시와 여동생 이자벨은 할머니 엠마 호웰의 집으로 보내졌다.

어린 그들은 어른의 보호 없이 열차를 타고 일리노이에서 할머니가 살고 있는 캘리포니아까지 갔지만, 불행히도 엠마 호웰은 엄하고 냉정한 성격으로 어린 아이들을 돌볼 만한 사람이 못 되었다. 도로시는 6년 동안을 열악한 환경의 할머니 집에서 살았는데, 그녀가 어린 시절에 겪었던 일화 한 토막은 그녀의 당시 상황이 어떠했는지를 잘 말해 주고 있다.

도로시는 학교에서 돌아오는 길에 친구들과 함께 사탕을 얻어 먹기 위해 이 집 저 집을 기웃거렸다. 너무도 사탕이 먹고 싶었던 것이다. 뒤늦게 그 사실을 알게 된 엠마 호웰은 도로시를 호되게 꾸짖고 엄한 처벌을 가했다. 손녀를 1년 동안 학교에 가는 시간을 제외하고는 방에 가두었고, 식사마저도 가족과 함께 할 수 없도록 조치한 것이다. 다행히 도로시의 대고모가 할머니의 집에 들르면서 이 가혹한 처벌은 종지부를 찍게 된다.

견디다 못한 도로시는 할머니 집에서 나와 입주 가정부가 되기로 작정하고 어느 단란한 가정에 들어간다. 그 집에서 처음으로 가족의 화목을 경험한 도로시는 이후에 가족을 부양하면서 그 당시의 경험을 역할 모델로 삼아 유용하게 활용하였다. 바로 그 시기에 가족의 진정성을 깨닫게 된 것이다. 만일 그녀가 입주 가정부로 살아 보지 못했다면 가족의 사랑이 어떠하다는 것을 알지 못했을 것이다. 그 당시의 경험은 실제로 도로시 로댐이 이상적인 어머니 역할을 하는 데 있어 큰 몫을 했다고 알려져 있다.

도로시는 캘리포니아에 남아 대학에 진학하려 했으나, 소식이 끊겼던 어머니와 연락이 닿으면서 시카고로 되돌아왔다. 그녀는 어머니와 다시 함께 살게 된다는 기대에 마음이 들떠 있었지만, 어머니가 자신을 필요로 하는 이유를 알고는 곧 실망하고 만다. 정작 어머니는 가사를 돌봐 줄 사람이 필요했으며, 도로시에게 그 일을 맡길 심사였던 것이다.

한때나마 어머니와 보냈던 정겨웠던 시절에 대한 추억과 대학에 다니고 싶다는 소망을 잃게 된 도로시는 한 회사에서 일을 받아 재택근무를 하게 된다. 도로시가 겪은 일련의 실망스런 사건들은 그녀의 딸인 힐러리에 관한 이야기를 할 때 예외 없이 등장한다. 도로시 호웰이 휴 로댐을 만나 결혼을 한 곳이 바로 시카고란 것도 하나의 이유가 되었다.

　도로시 호웰은 섬유 회사에 지원했을 때 그곳에서 처음 만난 휴 로댐과 수년간의 교제 끝에 1942년 결혼을 하고, 시카고 링컨 파크의 한 작은 아파트에 신혼살림을 차린다.

　힐러리 로댐은 두 남동생인 휴와 토니에 앞서 1947년 10월 26일에 태어났다. 휴 로댐의 사업은 번창하여 마침내 보수적인 분위기의 파크 리지 교외로 이사하게 되었고 그곳에서 힐러리 로댐은 주변 환경의 영향을 받으며 자랐다.

　당시 대출제도를 믿지 못한 휴 로댐은 가족들이 거주할 파크 리지 주택을 구입할 비용인 2만 1,000달러가 현금으로 확보될 때까지 아파트에서 단칸방 생활을 계속했다.

보수적인 분위기의 파크리지

파크 리지는 인생관이나 가치관 면에서 엇비슷한 사람들끼리 모인 중산층 마을로 알려져 있다. 주민 중에는 백인이 압도적으로 많으며 정치적으로는 보수 성향을 띠었고 시카고에 직장을 둔 사람들이 많았다. 파크 리지는 시카고 지역의 번잡한 오헤어 공항 항로 아래쪽에 위치한 곳으로, 3차선 도로와 쾌적한 주택이 있는 최적의 교외 지역이기도 했다. 흥미롭게도 보수적인 공화당 의원이면서 낙태의 권리를 열렬히 주장하던 미 하원 '헨리 히데'가 살았던 곳이기도 하다.

오늘날에도 여전히 보수적인 색채를 띠고 있는 파크 리지는 그 당시 외출할 때 문을 잠그지 않아도 되었으며, 1980년에 이르기까지 술 판매가 금지된 곳이었고, 힐러리가 성장하는 동안에는 미국에서 두 번째로 가장 많은 공화당원들이 사는 소도시였다.

힐러리가 성장할 당시보다는 규모가 훨씬 작아졌지만, 파크 리지 같은 지역 사회는 오늘날에도 여전히 존재한다. 그러한 지역 사회는 비슷한 성향을 지닌 사람들이 모여 살고 있으며, 외모나 경험 면에서 이웃 사람들과 서로 닮아 가는 경향이 있다. 그러다 보니 주요 규범에서 일탈하는 사람들은 이웃과의 연대감을 상실하게 된다.

힐러리가 어린 시절을 보냈던 1950년대에는, 중산층 가정의 어머니들은 거의가 전업주부였고 아버지는 가족을 부양했다. 그러므로 그곳에서 성장기를 보냈다고 하면 으레 보수적 분위기의 가정에서 자랐을 것이라는 선입견을 받게 되며, 힐러리 또한 엄격한 분위기에서 성장기를 보내야 했던 만큼 힘겨웠을 것이다.

**힐러리의
성장기** 휴 로댐은 정치 성향뿐 아니라 자녀 양육에
있어서도 보수적이었다. 그는 가족과 나들
이라도 갈라치면 힐러리와 두 아들을 차에 태우고 시카고의 슬
럼가를 지나가면서, 자기 훈련과 충분한 동기 부여가 없는 사
람들이 어떻게 살고 있는지를 설명해 주었다. 지나칠 정도로
가족에게 엄한 로댐은 특히 자녀들이 노력을 게을리하는 듯하
면 엄하게 질책했다. 그런 반면에 자녀들에 대한 칭찬은 매우
인색했다.

한 예로 힐러리가 학교에서 모든 과목에 A를 받았을 때도 로
댐의 반응은 무덤덤했다. 단지, 이렇게 계속 노력하면 학교생활
은 그리 힘들지 않을 거라는 말을 해 준 게 다였다. 힐러리는 아
버지의 그러한 반응조차 다행스럽게 여기고 다음 과제를 할 때
는 더 잘해야겠다고 다짐하고는 했다.

그러는 사이에 힐러리는 차츰 아버지의 가르침을 깨달아 갔
다. 험난한 세상에서 성공하려면 많은 노력을 해야 하고 또한 최
선을 다해야 한다는 사실을 알아 가면서 아버지에게 감사한 마
음을 갖게 되었다. 여느 아이들 같으면 이러한 가정 교육을 견딜
수 없었겠지만, 힐러리 로댐은 꿋꿋이 잘 받아들였다.

그녀는 중도에 포기하지 않고 아버지의 가르침에 따르려고 꾸

준히 노력한 결과, 인생의 모든 면에서 월등한 수준에 이르게 되었다.

힐러리가 성공을 목표로 한 분야는 단지 학업에만 국한되지 않았다. 그녀는 타고난 소질과 상관없이 모든 일에 최선을 다하려고 노력했다. 어쩌면 자녀들에게 많은 것을 요구하는 아버지의 기대를 저버리지 않겠다는 생각이 힐러리의 의욕을 고취시켰을지도 모를 일이다.

힐러리가 유독 힘들어했던 분야는 스포츠였다. 그러나 운동 애호주의자였던 아버지는 운동에 소질이 없던 힐러리를 소프트볼에 능숙해지도록 일요일마다 함께 운동을 다녔다. 아버지는 힐러리가 아주 뛰어나지는 않더라도 능숙한 정도로는 소프트볼을 익혀야 된다고 생각했다.

운동에 서툴렀던 힐러리는 고등학교 여름 내내 소프트볼을 연습했고, 그 결과 겉보기에 뛰어넘을 수 없는 문제에 직면했을 때도 좌절치 않는 힐러리 특유의 인내심을 갖게 되었다. 아버지의 관심 속에서 힐러리는 소프트볼 외에도 테니스, 배구, 수영, 발레를 배웠다.

힐러리는 교사들의 기억 속에 학업 수준이 높고 궁금증이 많은 학생이라는 긍정적인 이미지로 남아 있다. 그러나 학우들에게는 호감을 사기 위해 힐러리 나름대로 많은 노력을 해야 했다. 또한 동네 아이들이 새로 이사 온 아이라며 힐러리를 괴롭힐 때는 어머니의 격려로 극복할 수 있었다.

하루는 아이들에게 맞고 들어 온 힐러리가 어머니한테 "아이들에게 맞았다"고 말하자 어머니는 스스로 견디라며, "우리 집에는 겁쟁이가 살 만한 공간이 없다"고 말했다. 그 후 또 다시 이웃집 소녀가 힐러리를 밀쳐 내려고 했을 때 힐러리는 그 소녀의 코에 주먹을 날렸다. 그 이후로는 이웃 아이들과 싸우는 일이 없었으며 힐러리를 때렸던 그 소녀와는 절친한 사이가 되었다.

힐러리 로댐의 어린 시절은 수많은 사건과 활동 그리고 그녀의 노력으로 채워져 있다. 그녀는 어린 나이에도 불구하고 많은 모임과 행사에 참여하며 적극성을 보였다. 어린 시절부터 걸스카우트 단원으로 활동하는 동안 조직에서 주관하는 많은 활동, 즉 자선모금을 위한 빵 판매와 행진, 공훈 배지 달기 등에 기꺼이 나섰다.

다수의 전기 작가들이 주목한 힐러리의 활동 중 하나는 걸스카우트의 참여다. 교사들은 힐러리가 걸스카우트 유니폼을 입고 각종 배지를 단 채 자랑스럽게 학교로 등교하는가 하면, 상을 휩쓸던 소녀였다고 기억한다.

힐러리는 어렸을 때부터 남을 돕는 일에 관심이 많아서 종종 지역 축제와 스포츠 행사, 자선모금을 계획하고는 했다. 또한 그녀는 스포츠 애호가로서 야구를 무척 좋아했으며, 미국 프로야구 내셔널 팀인 시카고 컵스의 팬이기도 했다.

수년이 지나고 나서 힐러리가 상원의원 선거에서 후보로 나설 때 어린 시절부터 양키스를 좋아했다고 말했으나, 뉴요커들은 힐러리의 그러한 설명이 정치적인 의도에서 비롯되었다고 의심했다. 왜냐하면 아메리칸 리그에 속해 있는 시카고 팀인 화이트삭스의 팬이라고 하면 이미지에 손상을 입을 수 있기에 뉴욕 양키스의 팬을 자청했다고 믿었기 때문이다.

완고한 아버지의 영향을 받은 힐러리는 보수적인 시각을 지녔다. 전기 작가인 게일 시히의 말에 의하면, 힐러리에게 있어 세상은 흑백으로 나누어져 있을 뿐 중간 지대인 회색 영역은 거의 존재하지 않았다고 한다. 이는 어느 한편으로 보면, 완전무결한 관점에서 사고 했던 아버지의 영향을 받았기 때문이기도 하다. 아버지는 그 자신의 사상을 딸에게 물려주었으며, 공화당원들은 선하고 민주당원들은 악하다고 가르쳤다.

휴 로댐이 열성적인 공화당 지지자였기에 힐러리 역시 그 영향을 받았다. 한 예로, 존 F. 케네디가 대통령 선거에서 리차드 닉슨을 이겼을 당시 힐러리는 의구심을 갖고 시카고로 찾아가 선거가 잘못되지는 않았는지 알아보려 했을 정도였다. 힐러리와 친구 베시 존슨은 시카고로 가서 공화당 단체와 함께 투표자의 부정을 들추기 위해 주소와 투표자 목록을 대조 확인하는 자원봉사자로 일했다. 그러면서 명단을 하나씩 받아 들고 낯선 이들과 함께 서로 다른 단체로 분류되어 각기 다른 지역에 배정되었다.

힐러리가 배정받은 곳은 시카고 사우스 사이드의 빈곤 지역이었는데, 그곳에서 허위 투표자를 찾아내려고 이 집 저 집을 돌아다녔으니, 어찌 생각하면 참으로 순진했다고 말할 수 있겠다. 힐러리는 투표자 주소라고 목록에 올라와 있던 곳이 실제로는 공터이거나 술집이었음을 발견하기도 했지만, 수많은 집을 찾아가 잠자던 사람들을 깨워야만 했다. 그들은 졸음에 겨워 비틀거리며 나오거나 힐러리에게 꺼지라고 소리를 지르기도 했다. 모든 일을 끝내고 집에 돌아온 힐러리는 아버지에게 허위 투표자라고 여겼던 사람들의 존재를 증거로 발견했다고 자랑스럽게 말했다. 그러나 로댐은 케네디의 승리보다는 어른을 동반하지 않은 채 힐러리가 혼자 사우스 사이드를 돌아다녔다는 사실에 더 놀랐을 뿐이다.

힐러리는 이 일을 계기로 세상에 존재하는 중간 지대는 생각보다 많다고 여기게 되었지만, 그 후에도 아버지에 의해 주입된 완전무결함은 그녀의 버팀목이 되었다.

영부인으로 있는 동안 힐러리는 언론기관에 대하여 부정적인 관점을 보였다. 힐러리는 언론기관을 하나의 평범한 단체에 불과하다고 여겼고, 이러한 견해는 그녀의 주변에 많은 영향을 끼쳤다.

그러나 힐러리의 어머니는 세상을 보다 온건주의적인 관점으로 바라봤고 힐러리에게 실질적인 영향을 끼쳤다. 로댐 부인은 정치적 성향에 있어 압도적으로 민주당을 지지했지만 남편이 하듯 소리 높여 자신의 관점을 드러내지는 않았다. 그 결과 로댐 부인의 관점보다 더 공공연하게 드러나고 표현된 것은 휴 로댐의 정치적 관점이었다.

어머니는 힐러리에게 댄스 수업과 음악 수업 등 다양한 활동에 참여도록 하였다. 그러면서도 딸에게 많은 책을 읽게 했으며, 원하는 것은 무엇이든 할 수 있을 거라는 자신감을 심어 주었다.

로댐 부부는 딸에게 두 가지 신념을 불어넣어 주었는데, 하나는 교육 자체를 위한 교육이 중요하다는 것과, 다른 하나는 교육을 통해 교육을 활용하게 될 기회가 주어질 거라는 신념이었다. 로댐 부인은 힐러리가 버릇없이 자라게 해서는 안 된다고 마음을 먹었다. 힐러리와 두 남동생은 허드렛일을 하면서 집안을 돌보았지만 어느 누구도 그에 대한 대가를 받지는 못했다.

  어린 힐러리에게 이상적인 꿈을 안겨 준 결정적인 기회는 미국이 러시아와 벌인 우주 경쟁이었다. 힐러리는 러시아가 위성인 스푸트닉호를 우주로 쏘아 올려 미국을 앞질렀다는 사실에 큰 충격을 받았다. 그래서 우선적으로 과학을 공부하여 미국이 러시아를 따라잡을 수 있게 해야겠다고 결심했다. 당시 힐러리는 우주 비행사가 되려고 생각했으나 나사에서는 오직 남자만을 우주 비행사로 양성한다는 사실을 알고 좌절감을 느꼈다. 자신이 여자라는 이유로 불이익을 받는다고 생각했기 때문이다. 그러나 이후, 힐러리는 자신이 단지 여자라서가 아니라 시력이 좋지 못해서 우주 비행사가 될 수 없다는 사실을 알게 되면서 억울한 마음을 풀었다.
  힐러리 클린턴의 정치적 견해에 동의하지 않는 사람들도 오늘날 힐러리의 지성에 대해서는 거의 아무런 이의를 제기하지 않고 있다. 특히 힐러리는 어린 학생이었을 때부터 두각을 나타내었다.

우수한 성적의
고등학교 시절   고등학교 시절 힐러리는 여러 과목에
                      서 성적이 매우 우수했다. 3학년 때는
부반장을 맡았으며 그 다음 해에는 보조교사를 겸임하는 시니어
리더가 되었다. 힐러리는 또한 학교 위원회의 의장을 맡음에 따
라 2,700명의 회원을 보유한 학교 집회를 운영해야 했다. 힐러리
는 반에서 상위 5%에 드는 성적으로 학교를 졸업하면서 앞으로
가장 성공할 것 같은 여학생으로 주목을 받았다. 그 당시에 힐러
리의 급우들도 그녀의 잠재력을 알아봤던 것이다.

　힐러리는 또한 남학생과 여학생 친구들 사이에서 인기가 좋았
다. 그러나 힐러리는 일부 여자 친구들이 남학생 사귀기에 몰두
하여 공부를 포기하는 것에 대해서는 이해하지 못했다. 그리고
자신에게는 이런 일이 일어나지 않도록 세심한 신경을 썼다. 따
라서 그녀는 정작 남편이 될 남자를 만날 때도 야망에 의한 만남
으로 보였다.

　1964년 힐러리는 학급 반장 후보자 명단에 자신의 이름을 넣
음으로써 고등학교 전체를 깜짝 놀라게 했다. 학교 역사상 여학
생이 반장 후보로 나선 적이 없었기 때문이다. 결과적으로 힐러
리는 연설도 근사하게 준비했고 다른 후보들과의 토의에서도 우
세했지만 축구팀 주장에게 크게 패배하고 말았다. 그 선거는 후

보자의 자격보다는 스타성과 인성을 더 중시했기 때문이다.

고등학교 시절에 힐러리가 맛본 가장 쓴 맛은 미국의 정치가인 골드워터와 존슨 간의 논쟁을 시연하는 역할극이 과제로 주어졌을 때였다. 그녀의 선생님은 힐러리가 골드워터의 강력한 지지자이며, 상대 학생은 존슨의 지지자임을 잘 알고 있었다. 따라서 선생님은 교육을 목적으로 힐러리에게는 존슨 역을, 상대 학생에게는 골드워터 역을 맡게 했다.

두 여학생은 그 과제에 대해 짜증이 났다. 힐러리는 존슨 정부에 대해 뭔가를 배우고 익혀야 하는 것조차 싫어했다. 그녀는 이미 존슨 정부에 대해 알만큼은 안다고 생각했으며 그 역을 맡는 것은 자신의 신념을 거스르는 부당한 일이라고 생각했다. 이 과제에 내포되어 있는 교육적 의도마저 정치적으로 보수적인 힐러리에게는 통하지 않았다.

그 당시 힐러리는 어쩔 수 없이 상대 여학생과 서로의 당파심을 교환하며 반대 입장을 경험해 보았지만, 대학을 졸업할 때까지 이 학습의 영향으로 힐러리의 보수적인 신념이 흔들리는 일은 없었다.

힐러리의 정치 성향이 완화된 것은 청소년기 때 도널드 존스 목사의 영향을 받으면서였다. 감리교도로 자란 힐러리는 교회 활동에 적극적이었다. 존스는 힐러리가 다니는 교회에 새로운 목사로 부임하면서 '삶의 대학'이라는 프로그램을 창안했다. 그리고 그 프로그램에 따라 학생들을 안전하면서도 연약한 현실에서 끌어내 격리된 교외 지역보다 넓은 세상을 경험하게 해 주었다.

존스는 학생들을 데리고 시카고 빈민 지역을 둘러보았으며 그 지역의 어린 깡패들과의 모임을 주도했다. 또 학생들을 마틴 루터 킹 주니어가 연설하는 곳에 데려가기도 했으며 이후에는 직접 만날 수 있도록 자리를 주선하였다.

힐러리 클린턴은 존경하는 존스로 인해 처음으로 시인 커밍스의 작품과 T. S 엘리어트 작품을 읽게 되었고, 피카소의 그림 '게르니카'를 경험했으며 도스토옙스키의 《카라마조프가의 형제들》에 나오는 '대심문관'의 의미에 대해 토론하게 되었다. 박물관 관람과 독서, 그리고 시카고 빈민 지역 청소년들과의 만남 등은 이후에 힐러리가 민주당으로 전환하게 되는 계기가 되었다.

돈 존스는 힐러리를 매우 다른 관점에서 세상을 바라보게 만들었다. 힐러리는 흑인과 히스패닉 청소년들과의 만남을 통해 그들과의 공통점이 차이점보다 많다는 사실을 발견했다. 또한 그들이 '시민 권리 운동'에 대해 자신보다 더 많이 알고 있다는 사실도 알게 되었다. 힐러리는 로사 팍스와 닥터 킹 목사에 대해 단순히 조금 아는 정도였으나, 그들과의 만남을 통해 '시민 권리 운동'에 흥미를 갖게 되었다. 이러한 관심은 향후 힐러리의 가치관을 형성하는 데 근본적인 역할을 했으며, 이 가치관은 오늘날까지 이어지고 있다.

힐러리의 체험은 이후에 그녀가 아동복지에 참여하게 되는 가능성을 열어 놓는 계기가 되었다. 힐러리는 새로운 경험으로 인해 흥미를 느끼기는 했으나, 파크 리지의 환경에서 벗어날 준비는 미처 되어 있지 않은 상태였다.

그녀는 존스 목사의 '삶의 대학'이라는 교육과정에 참여하는 동시에 역사 교사인 파울 칼슨의 반공산주의 동아리에도 가입하여 비밀 모임에 참석했다. 칼슨이나 존스은 힐러리가 상대방의 프로그램에 각각 참여하고 있다는 사실을 알지 못했다.

이 두 사람에 의해 힐러리가 부여받은 경험과 태도는 괄목할 만한 것이었다. 존스가 힐러리에게 추상 미술과 비트 시, 마틴 루터 킹 주니어에 대해 알려 주었다면, 칼슨은 군인 연사와 극단주의적인 보수파 연사를 초빙하여 학생들에게 강의를 들을 수 있는 자리를 마련했다. 그러나 힐러리는 당시에 칼슨과 존스의 견해가 서로 다르지 않다고 생각했으며 두 사람 사이에 존재하는 엄청난 갈등도 느끼지 못했다. 존스는 그 자신과 칼슨에 대해 '힐러리의 정신과 영혼을 쟁취하기 위한 싸움터에 갇혀 있었다'라고 말했다.

힐러리가 유년 시절을 안전한 환경에서 보호받으며 자랐다는 사실에 대해서는 이견이 없다. 힐러리가 살던 지역 사회의 가족들은 대부분 동일한 세계관을 지녔고, 의견이나 견해도 비슷해 가치관의 혼동을 일으킬 만한 일이 없었다. 상황이 이러했기에 결국 존스의 활동은 파크 리지의 보수적인 학부모들 사이에서 우려 섞인 목소리를 불러 일으켰다.

파울 칼슨은 '삶의 대학'과 같은 교육 과정을 비롯해 존스의 활동을 반대했던 사람들 중 한 명이었고, 더 나아가 존스의 목사직을 박탈시키려 했다. 그렇게 2년이 흐르고 난 후, 존스는 결국 제일감리교회 청소년 담임 목사를 그만두게 되었고, 드루 대학에 자리를 잡은 뒤에 사회 윤리 전공 교수로 명예퇴직 할 때까지 그곳에 남아 있었다. 그러나 존스의 영향력은 힐러리에게 깊이 새겨져 있었고, 그녀가 성인이 될 때까지 서신을 교환하는 사이가 되었다.

돈 존스가 휴 로댐으로 인해 자칫 한 쪽으로 치우칠 수 있었던 힐러리의 가치관이 균형을 이루도록 도와줬음은 분명한 사실이다. 힐러리는 아버지를 기쁘게 해 드리려고 노력하면서도 한편으로는 청소년 담당 목사가 가르쳐 준 사실을 무시하기 힘들었다. 힐러리가 파크 리지라는 폐쇄된 지역 사회에서 벗어나 시카고 빈민 지역에 가 보았기 때문에 각계각층 사람들과의 만남마다 큰 차이가 있음을 직접 체험한 셈이다.

휴 로댐의 영향 또한 아무리 강조해도 지나치지 않다. 딸이 아버지의 영향을 받는 건 당연한 일이지만, 힐러리 역시 예외가 아니었다. 로댐은 자녀들에 대한 기대가 컸던 만큼 그들의 부족한 점을 찾아내 지적해 주고는 했다.

힐러리가 로댐의 가르침으로 인해 꿈을 추구하면서도 다른 이들에 대한 배려심 또한 잃지 않았다고 주장하는 사람도 있다. 그녀는 분명 뛰어난 학생이었지만 휴 로댐은 공공연하게 딸에 대한 자만심을 드러내지 않았다. 결과적으로 로댐이 힐러리에게 칭찬을 아꼈기 때문에 그녀는 자기중심적 사고를 하지 않고 모든 것을 다 안다고 뽐내는 학생이 되지 않았다. 로댐은 힐러리의 성적을 칭찬하기보다는 그녀가 다른 이들을 대신해 어려운 일을 해낼 때 더 많은 칭찬을 해 주었다.

로댐은 비록 딸에 대한 자부심을 밖으로 표출하지는 않았지만 교육을 위해 많은 재산세를 내야 하는 소도시를 거주지로 삼은 일은 주목할 만하다. 로댐은 교육이 중요하다고 여겼으며 힐러리의 공부, 특히 수학공부를 자주 도와주었다.

어느덧 힐러리는 어느 대학에 진학해야 할지 결정할 시기가 되었다. 그녀는 원래 중서부 지방에서 대학을 다니려고 했지만 운이 좋게도 두 명의 교사가 힐러리의 향후 진로에 관심을 갖고 웰즐리와 스미스 대학을 추천했다. 그 교사들은 힐러리가 여대를 다니게 되면 주중에는 학업에 열중해도 주말이면 공부를 등한시하고 놀 수 있다는 점을 우려했다.

힐러리는 시카고에서 두 대학의 졸업생을 위한 여 학우 동창 파티가 열렸을 때 참석하였다. 그 자리에 함께 했던 다른 여학생들은 힐러리가 지나치게 세속적으로 보여 이질감을 느꼈다. 결국 그녀는 두 대학에 모두 합격하였고 캠퍼스가 더 아름다운 웰즐리 대학을 다니기로 결정했다.

1965년 힐러리의 부모는 그녀를 일리노이 주에서 보스턴 인근에 있는 웰즐리 대학까지 자동차로 데려다 주었다. 그 대학은 이후에 힐러리가 당파 관계를 바꾸고 정치 운동가가 되어 궁극적으로는 미래의 상을 형성한 곳이었다.

"나는 알고 있었다.
공부가 이 세상의 전부가 아니란 사실을.
하지만 A+로 도배된 성적표조차 없으면
나의 꿈에서 한 발짝 멀어져야 한다는
사실도 알고 있었다."

힐러리 클린턴

대학 생활과 로스쿨

힐러리 클린턴의 보수적인 성향이 파크 리지에서 유년기를 보낼 때 받은 영향 때문이었다면, 도널드 존스의 '삶의 대학' 수업을 계기로 정치적 성향이 변화하기 시작한 후 완전히 민주당 파로 돌아선 시기는 바로 대학 시절이다. 힐러리에게 있어 대학은 다른 사람들과 마찬가지로 정치 성향과 사회 진출 후의 직업을 선택하는 데 결정적인 역할을 했다.

정치 사회화는 정치학자들에게 있어 매력적인 분야다. 많은 학자들은 정확한 분석을 위해 우리에게 정치 성향과 관련된 질문을 많이 던진다. 즉 우리가 어떻게 민주주의자와 공화주의자,

진보주의자와 보수주의자, 운동가와 방관자가 되었는지 물어보는 것이다.

　가족과 친구, 선생님 그리고 언론 매체에 이르기까지 우리의 신념에 영향을 끼치는 것은 많다. 이들이 각각 끼치는 상대적인 영향력은 다양하며, 그중에서도 가족이 가장 많은 영향을 주기 마련이다. 정치 사회화에 대한 정의 중 하나는 '정치 참여에 동기를 부여하고 적절한 정치 활동을 하는 데 바탕이 되는 가치관, 신념, 견해를 갖추게 되는 과정'이다.

힐러리의
보수적인 정치성향 　　　자녀가 가족과 지내는 시간은
　　　　　　　　　　　　최소한으로 잡아도 수 시간은
되기 때문에 가족은 사회화를 진행시키는 중요한 요인이다. 자녀가 가족에 의해 영향을 받는 정도는 그 가족이 어떤 정치 성향을 지니고 있는지에 따라 달라진다고도 할 수 있다. 따라서 정치에 대해 논쟁을 하는 일이 거의 없는 가족은, 정치가 주요 화제가 되는 가족만큼 크게 영향을 받지 않는다. 이러한 관점에서 보면, 힐러리 로댐의 가족은 힐러리가 어린 시절부터 정치적 견해를 형성하는 데 중요한 역할을 하였을 것이다. 그중에서도 힐러리의 아버지는 다른 아버지들 보다 더 뚜렷한 주장을 펼쳤기에 특히 힐러리에게 중요한 영향을 끼쳤다고 볼 수 있다.

힐러리의 어머니가 유년기에 걸쳐 여러 부문에 영향을 끼쳤다고 말한다면 아버지는 절대주의적 보수주의 견해를 전수하였다. 게다가 힐러리는 왜 자신의 신념을 고수해야 하는지 그 중요성을 주입해 준 아버지를 신뢰하고 있었다. 나중에 휴 로댐은, 힐러리에게 웰즐리 대학에 입학하라고 한 것은 '엄청난 오류'였다고 농담 삼아 말하기도 하였다. 그 대학을 다니면서 힐러리의 정치적 성향이 변했기 때문이다.

학교와 선생님들 역시 힐러리 로댐의 정치적 성향 변화에 중요한 역할을 했다. 연구에 따르면 한 개인의 학교생활과 정치 사회화에는 큰 관련이 없지만 학교는 학생이 성장할 수 있는 환경을 더 폭넓게 제공해 준다고 한다. 따라서 파크 리지와 같이 보수적인 지역 내에 존재하는 학교는, 그 지역 사회의 핵심적인 가치를 일반적으로 반영하기 마련이다. 이는 힐러리가 고등학교 시절에 겪었던 학업 관련 경험에도 분명히 적용이 된다.

실제로 한 선생님이 존스 역할극 과제를 통해 힐러리에게 보수적인 성향과는 다른 정치적 견해를 알게 해주려 했으나, 그 과제는 힐러리가 지니고 있던 정치적인 견해로부터 멀어지는 것이 아니라 더 가깝게 만드는 역할을 했다. 힐러리를 가르쳤던 선생님들의 대부분이 지역 사회의 보수적 관점을 지지하고 있었기 때문이다.

 힐러리 로댐의 보수적인 정치 성향은 웰즐리 대학에 진학하기 위해 파크 리지를 떠날 때까지 지역 사회를 고스란히 반영하고 있었다. 학생들에게 폭넓은 체험의 기회를 마련해 주려는 존스 목사의 시도를 통해 보다 진보적인 견해의 씨앗이 뿌려지면서, 힐러리는 유년기에 지녔던 가치관과는 점차 다른 방식으로 세상을 바라보게 되었다.

 사회 운동의 영향력은 한 개인의 정치적 견해를 형성해 주는 것으로 아무리 높게 평가해도 지나치지 않다. 이는 베트남 전쟁 반대 운동과 시민 권리 운동에 가담했던 힐러리에게도 마찬가지였다. 이 운동과 그 당시의 다른 운동들은 오늘날까지 계속해서 정치 사회화되어 가는 힐러리에게 깊은 영향을 끼쳤다.

 그러나 힐러리에게 영향력을 행사한 것은 단지 당시의 운동뿐만이 아니었다. 힐러리는 대학 1학년 때 도시 빈민 지역 청소년들의 학습을 도와주는 프로그램에 참여한 적이 있다. 가난한 아이들이 성장하는 모습을 가까이서 지켜봄으로써 그녀의 정치적 견해는 점차 달라졌다. 이 프로그램을 통해 힐러리는 처음으로 자신과 다른 환경에서 성장하는 사람들의 실상을 보게 되었다.

힐러리 로댐에게 있어 웰즐리 대학은 진보주의로 변화하는 계기를 제공해 주었다. 다사다난했던 1960년대에 대학을 다니면서 힐러리는 여러 가지 측면에서 진보적 성향으로 바뀌어 갔다. 베트남 전쟁, 시민 권리 운동, 마틴 루터 킹 주니어 암살, 로버트 케네디 주니어 등의 사건들은 그녀의 견해에 많은 영향을 끼쳤다.

힐러리는 공화당 정권에 헌신했고 공화당원인 베리 골드워터를 지지하는 띠를 허리에 둘러매기도 했으며, 웰즐리 캠퍼스에서 열리는 활동에 가담했다. 대학교 1학년 때는 젊은 공화당원들이라는 모임의 회장을 맡았으며, 1966년 재건시대이래 흑인으로서는 최초로 상원의원이 된 공화당원 에드워드 브루크의 선거 운동을 위해 일하기도 했다. 힐러리는 다른 학생들에게 어떤 방식으로든 선거 운동에 참여하라고 촉구하면서, 공적인 활동에 자주 참여하는 것이 번거롭다면 사무를 보는 일이라도 자원하라고 요청했다.

웰즐리 대학교 재학시절 힐러리는 거의 광적이라고 할 만큼 모든 대학 활동에 참여했다. 한 룸메이트는 힐러리가 '모든 일에 관여했지만' 어떤 일은 신중히 선택해야 하는 것도 알고 있었다고 말했다. 다시 말하면 법학도로서 정치적 문제에 주력하면서, 변호사가 되기 위한 과정에 열정을 쏟았다.

웰즐리
대학 시절　　　힐러리가 법학도로서 그리고 정치가로

서 자신만의 길로 접어든 때는 바로 웰

즐리 대학 시절이었다. 그녀는 마침내 과대표 후보로 나서게 되

었고, 4학년 때 회장 후보로 나와서 고등학교 때 패배의 서러움

을 딛고 당당히 승리했다. 그리고 힐러리를 지지하면 당면한 어

려운 문제를 해결할 수 있을 거라고 기대하는 다수의 급우들에

게 영향을 끼쳤다. 1960년대 후반, 많은 학생들이 세계 도처에서

일어나는 사건에 대해 관심을 가졌던 것과 달리 힐러리는 웰즐

리 대학 내의 문제에 초점을 맞췄다. 성적 제도, 수강 학점 감소,

흑인학생 등록 확대, 도심 빈민지 청소년을 위한 대학 예비 과정

등의 문제에 깊이 관여하였다. 특히 대학 예비 과정에 관심을 쏟

은 이유는 어린 시절 보스턴에서 개인 교사로 일했던 경험에서

기인한다.

　힐러리의 정치 활동은 단순히 대학 내에서 머무르지 않았다.

그녀는 정치적 대의를 지지하는 지역을 비롯해 다수의 국내 행진

에 참여하는가 하면, 마틴 루터 킹 목사가 암살되었던 1968년에

는 이에 격분하여 많은 애도가들과 함께 팔에 검은 띠를 두르고

행진을 하기도 했다. 마침내 그 해 여름에는 부모님께 영화를 보

러가는 대신, 민주당 전국대회에서 진행되고 있는 반전 운동가들

의 시위를 보기 위해 친구와 함께 열차 편으로 시카고 시내로 가겠다고 말씀드리기도 했다. 그리고 태어나서 처음으로 연이어 발생하는 폭동을 보고 깊은 인상을 받게 된다.

힐러리와 학과 친구들은 변혁기 동안 웰즐리 대학에 다녔다. 힐러리는 일리노이에서의 생활로 인해 공직에 종사해야겠다는 생각을 하게 되었다. 또한 웰즐리 대학을 다니면서 여성에게 요구되는 전형적인 사고의 틀에서 벗어나 전문직에 임할 준비를 갖추었다.

웰즐리 대학에 다니는 여학생들은 대학 교육을 받으면서 장래 남편감을 찾는 것이 전통이었다. 실제로 대학은 부모의 입장을 고려하여 학생들이 교정 밖으로 나가려면 부모의 허락이 필요한 규율을 시행하고 있었다. 그러나 힐러리가 과 대표로서 노력을 기울인 결과, 이 규율은 일부 불필요한 교과목과 함께 폐지되었다.

힐러리가 졸업할 무렵의 웰즐리 대학은 장래 남편을 찾는 장소에서, 최고의 우수한 여성을 배출하는 일류 대학으로 완전히 변모되어 있었다. 그리고 힐러리는 졸업식에서 연설하게 된 최초의 학생으로 기록되면서 새로운 변화를 완성했다.

대학 측은 학생들에게 연설 장소를 제공해 주지 않으려 했으나, 힐러리가 연설자가 될 거라는 이유로 학생들의 불만은 다소 누그러졌다. 다수의 학생들은 지금의 대학 생활에 대해 다른 학생들이 어떤 견해를 갖고 있는지 듣고 싶어 했다. 힐러리는 학생들이 원하는 내용으로 연설을 하겠다고 다짐했다. 그러나 막상 연설이 시작되자 미리 준비했던 내용에서 벗어나 이전에 연설했던 상원의원 에드워드 브루크의 논평에 직접 대응하는 연설을 하였다. 그러한 연설은 전혀 예측치 못했던 것으로, 힐러리 자신도 놀라고 말았다.

애드워드 브루크 상원의원은 힐러리가 1학년 때 출마했으며 힐러리는 그의 선거 운동을 도와주었다. 힐러리는 브루크와 함께 의회와 정부를 비난하면서, 당시의 문제점에 대한 해결책을 찾지 못하는 것을 비난했다. 힐러리는 그 연설을 통해 자신들의 세대는 새로운 것을 추구해야 한다고 주장했다.

"우리 모두는 불확실한 세상 속에서 새로운 것을 창조하려고 노력하고 있습니다. 그러나 안타깝게도 동료와 생존 경쟁을 벌이는 회사 생활 또한 우리가 나아가야 할 삶의 방식이 아니라는 사실을 깨달았습니다. 우리는 보다 즉각적이면서 황홀하고 내면을 꿰뚫는 삶의 방식이 무엇인지 찾아야 합니다. 그런 이유로 우리는 대학, 교회, 정부에 대하여 여러 의문들을 갖는데, 브루크 상원의원은 오늘 아침 그 중 몇 가지를 제시했습니다. 그러나 기관 및 지도자들에게 완전무결, 신뢰, 존중이라는 단어들을 사용하면서 우리는 가장 엄격한 잣대를 들이대고 있는지도 모릅니다."

힐러리의 연설이 브라운 대학의 학생 연사인 이러 매거지너와 함께 《라이프》지에 대서특필 된 사실만 봐도 그의 연설이 얼마나 훌륭했는지 충분히 알만하다. 힐러리의 그 유명한 연설을 지켜본 유일한 가족은 휴 로댐이었다. 로댐은 캐딜락을 빌려 타고 딸이 아메리카 드림에 편승하는 모습을 지켜보기 위해 대학까지 왔다. 시대 흐름에 맞추어 《라이프》지는 힐러리가 특유의 두꺼운 안경을 쓰고 단호한 표정을 짓고 있는 모습을 사진에 담았다.

힐러리의 연설이 얼마나 대학 행정부를 당황하게 했는지는 그녀가 졸업식 후 수영을 하는 동안 호수 제방에 놔두었던 옷가지와 안경을 대학 총장이 관리인을 시켜 훔치게 한 사건에서도 찾아볼 수 있다. 오죽하면 그녀는 1992년 웰즐리 대학에서 졸업식 연설을 했을 때 안경을 쓰지 못해 더듬거리며 수영복 차림으로 간신히 기숙사로 돌아오는 모습을 담은 사진이 없어 기뻤다고 말할 정도였다.

힐러리는 워싱턴 시에서 진행되던 웰즐리 인턴십 과정에 참여함으로써 일촉즉발의 불안정한 정치계에 뛰어들었다. 지도 교수는 처음에 약간 꺼려했지만 결국 힐러리를 공화당 총회에 넣어 주었고, 그녀가 정치적 시각을 결정하는 데 도움을 주었다. 힐러리는 1968년 인턴십 과정 동안 마이애미에서 열린 공화당 전당 대회에 참여하였고, 록펠러의 선거 운동을 도왔다. 이 경험은 이후에 시카고에서 개최된 민주당 전당 대회에 참가했던 경험만큼 중요했다.

힐러리는 여름 인턴십을 마치고 집으로 돌아와 친구와 함께 그랜트 공원에 갔다가, 반전 시위자들이 민주당 대회에 대응하여 일으킨 폭동을 처음으로 직접 목격했다. 1968년은 미국 정치계의 분수령이 된 한 해였다. 힐러리 역시 예외가 아니었으며, 당시를 이렇게 회고하고 있다.

"그 당시 나는 후보로 나서게 되리라고는 전혀 꿈도 꾸지 못했다. 그러나 나는 한 시민이자 운동가로서 선거에 참여하기를 원하고 있었다."

힐러리가 학생운동에 본격적으로 관심을 기울이게 된 것은 4학년 때로, 시카고에서 활동하던 급진주의 지역 운동가인 사울 앨린스키를 주제로 논문을 쓰게 되면서였다. 힐러리는 '삶의 대학' 프로그램에 참여하던 고등학생 시절, 존경하는 마틴 루터 킹 주니어를 만나던 시기와 거의 때를 같이해 앨린스키를 만난 적이 있었다. 4학년 논문의 주제를 찾는 힐러리에게 대학 지도교수가 앨린스키를 다시 만나 그에 대해 써 보라고 제안하였다. 흥미롭게도 힐러리 로댐의 이 논문은 이후에 적지 않은 논란을 일으켜 그녀가 영부인이 되고 나서까지 관심의 대상으로 떠올랐다.

1993년 웰즐리 대학은 클린턴의 요구대로 그 논문을 따로 보관한 후에 아무도 읽지 못하게 하는 이례적인 조치를 취했다. 특히 클린턴 대통령의 전기 작가들이 이 논문에 접근하지 못하게 했다. 대통령 재임 시절에는 이 논문을 따로 금고에 보관해 두고 다른 이들이 읽지 못하게 한 조치로 인하여 많은 관심을 불러일으켰다. 그러나 오늘날에는 웰즐리 대학 도서관 기록 보관소를 방문하는 사람이라면 누구든지 이 논문을 읽을 수 있다.

앨린스키는 힐러리에게 자기 조직을 위해 일해 달라고 요청했지만 그녀는 결국 로스쿨에 진학하기로 결심했다. 힐러리는 자신이 사회에 변화를 일으킬 거라는 사실을 알고 있었다. 유일한 고민은 내부적으로 변화를 일으킬지 아니면 외부에서 변화를 일으킬지에 대한 여부였다. 앨린스키의 방식은 학생 운동가의 기술을 이용하여 외부로부터 개혁을 하는 것이었다. 그러나 힐러리는 사회를 변화시키겠다는 목표를 달성하기 위해 예일 대학 로스쿨을 다니기로 결정하였고, 그를 바탕으로 하여 내부로부터의 변화를 추구하기로 결심했다. 힐러리의 이러한 결정은 그녀의 인생 전반에 걸쳐 행했던 수많은 선택들과 맥락을 같이 한다.

클린턴과의 만남

1969년 웰즐리 대학을 졸업하면서 힐러리는 알라스카에서 여름을 보냈다. 알라스카의 이곳저곳을 돌아다니며 여행을 했고, 취직이 가능하다면 어느 곳이든 찾아가서 일을 했다. 생선 통조림 공장에서 일하는 동안 힐러리는 한때 웰즐리 대학에서 칭찬을 들었던 자신의 실력이 이곳에서는 무용지물임을 깨달았다. 통조림 공장 사장에게 생선이 변색되어 소비자에게 적합하지 못하다고 지적해도 사장은 불쾌하다는 표정을 지을 뿐이었다.

힐러리가 알라스카를 여행하는 동안의 행적에 대해선 알려진 바가 거의 없다. 단지 그녀가 동부로 돌아가 예일 대학에서 기숙사 생활을 다시 할 수 있을 만큼 돈을 벌었다는 사실만 알려졌을 뿐이다.

힐러리는 야망 못지않게 사람들과의 낭만적인 관계 역시 중요하게 여겼다. 비망록에는 힐러리가 대학 시절 내내 데이트를 했다고 기록되어 있지만, 수많은 남학생들 중 어떤 남학생을 좋아했는지는 밝혀져 있지 않다. 힐러리의 대학 친구는 그녀가 대학 시절에 특별한 데이트를 하거나 사회화에 관심을 갖지는 않았지만, 어느 모임에서든 분위기를 재미있게 이끌고 활력을 주었다고 회상한다. 힐러리와 데이트를 했던 남학생들 대부분은 힐러리와 정치적 신념을 공유하는 듯했다.

데일리 뉴스와의 인터뷰에서 힐러리의 전 남자친구였던 제프리 쉴드는 정치적 문제에 대해 논쟁할 때면 힐러리는 생기가 넘쳤다고 말했다. 게일 쉬이가 쓴 《힐러리의 선택》에 의하면, 빌 클린턴이 힐러리의 인생에 등장하기 전에 한 남학생과 깊은 관계에 있었다고 한다. 힐러리는 워싱턴에서 인턴으로 활동하는 동안에 데이비드 루퍼트를 만났고, 이후로도 법대에서 보낸 2학년 동안 그와 데이트를 했다는 것이다. 흥미롭게도 힐러리에 대하여 다룬 책들 중에는 데이비드 루퍼트와 힐러리의 관계에 대해 언급한 책이 없다. 쉴리는 루퍼트와 힐러리가 헤어진 이유로 서로의 이상 차이를 말하고 있으나, 내막의 진실은 빌 클린턴이 힐러리의 눈에 들어오면서 아주 중요한 사람으로 클린턴을 꼽았기 때문이라고 한다.

힐러리의 대학 생활이 현재의 힐러리를 만들었음은 분명한 사실이다. 힐러리는 여학생의 신분으로 학보 발간에서부터 학생부일까지 모든 일을 담당했기에 여권 신장을 몸으로 느꼈다. 그런가 하면 그녀가 대학에 다녔던 시기는 미국의 전 세대를 걸쳐 정치적으로 가장 영향력이 강하던 시기 중 하나였다. 베트남 문제 개입, 보스턴 빈민 문제의 관여, 로버트 케네디와 마틴 루터 킹 주니어의 암살 등으로 인해 힐러리는 보호받던 위치에서 벗어나 정신적 지주였던 공화당 뿌리를 부정하고 민주당의 정책 기조를 옹호하게 되었다.

힐러리 클린턴이 특별히 똑똑한 학생이었던 사실도 간과될 수 없다. 힐러리의 4학년 논문 지도교수는 그녀를 자신이 가르쳤던 학생들 중 가장 뛰어났던 학생이라고 말하고 있다. 힐러리는 웰즐리에서 보낸 4년 동안 자신에게 제공되었던 수많은 기회를 적절히 활용할 수 있었던 재능 있는 학생이었다. 따라서 힐러리가 하버드 대학과 예일 대학 로스쿨에 합격했다고 해도 그리 놀랄 만한 일은 아니다. 힐러리가 예일 대학을 선택한 이유 중의 하나는, 여성은 변호사가 되려고 해서는 안 된다고 생각했던 하버드 대학 교수와 만나고 나서부터였다. 힐러리는 그 당시 이미 예일 대학의 교과 과정에 마음이 쏠려 있는 상태였으며, 그 괴팍한 교수와 만난 일은 단지 하버드 대학의 입학 허가를 거절하기로 한 결심을 더 굳히게 했을 뿐이라고 주장했다. 이 결정은 말 그대로 힐러리의 인생 경로를 뒤바꾸어 놓았다. 왜냐하면 힐러리가 장래 남편감인 윌리엄 제퍼슨 클린턴을 만난 곳이 바로 예일 대학이었기 때문이다. 이 두 사람이 만난 장소는 학교의 도서관이었다. 도서관에서 공부하던 중 힐러리가 클린턴에게 다가가 계속 자신을 뚫어지게 쳐다보면, 자신도 그렇게 쳐다보겠다고 말한 것이 두 사람 관계의 시발점이었다고 한다. 그당시 클린턴은 최소한 힐러리의 이름 정도는 익혀 놓은 상태였다고 전해진다.

데이트를 시작하면서 두 사람은 급격히 가까워졌다. 주변 사람들의 말에 의하면 클린턴은 힐러리를 보다 적극적인 여성으로 만들 수 있는 능력의 소유자였다고 한다. 힐러리는 웰즐리 대학에 다닐 때 고교 시절 못지않게 모든 면에서 진지했다. 법학도로서 힐러리는 출중했고 저명한《예일로 저널》의 편집부에서 인정받는 위치를 확보했다. 자연히 저널 편집부에서 그녀의 위상은 확고했으며, 그것은 정치계에서 주목받을 만한 사람이 되리라는 일종의 신호탄이 되기도 했다. 클린턴은 힐러리가 학업과 정치활동에 전념하는 와중에도 성적인 농담을 할 정도로 진지한 관계를 만들려고 노력했다.

이 책이 힐러리 클린턴을 주제로 삼고 있기는 하지만 힐러리에 대한 이야기를 이해하기 위해 빠질 수 없는 한 부분이 빌 클린턴이 어떤 사람인가에 대해서 아는 것이다. 빌 클린턴은 전 세계적으로 유명한 인물 중 한 사람이고, 힐러리의 인생에서 가장 중요한 인물이다. 또한, 클린턴이 주지사와 대통령 재임 시절에 보인 다양한 탈선행위와 업적은 오늘날 힐러리가 대중에게 비치는 이미지에 여전히 영향을 끼치고 있다.

빌 클린턴의 가정환경과 성격

빌 클린턴은 아칸소 주 소도시에서 어머니 버지니아의 양육을 받으며 자라났다. 클린턴이 태어나기 전 아버지가 돌아가셨기 때문에 버지니아 클린턴은 간호사로서 혼자 가족을 부양해야 했다.

돈을 좀 더 많이 벌기 위해 버지니아는 간호 마취과 교육을 받으려고 외동아들인 빌 클린턴을 외가에 맡겨 놓았다. 버지니아가 클린턴 곁을 떠나 있은 지 수년이 지나서 막상 집에 돌아왔을 때 클린턴의 외할머니는 손자를 떠나 보내려고 하지 않았다. 외할아버지가 돌아가시자 클린턴은 주로 여자들에게 둘러싸여 성장했으며, 이러한 생활은 어머니 버지니아가 로저 클린턴과 결혼할 때까지 계속되었다. 불행하게도 클린턴의 양아버지는 알코올 중독자였으며 어린 클린턴에게 나이보다 성숙한 태도를 강요했다. 클린턴은 14살이 되었을 때 이미 또래들 보다 성숙한 면모를 보였고, 양아버지가 어머니를 더 이상 괴롭히지 못하게 하려고 양아버지에게 반항심을 보이기도 했다.

쉴리에 따르면 빌 클린턴은 유년기의 대부분을 주변 사람들을 속이면서 보냈다고 한다. 그는 집 안에서 발생하는 부당한 학대 행위와 불행한 생활에 대해 일절 말하지 않았던 것이다. 그 대신 클린턴은 음악을 듣고 독서를 하면서 행복하다고 느낄 수 있는 현실적인 것들에 관심을 기울이며 시간을 보냈다.

빌 클린턴은 다방 면으로 우수했기에 대학 졸업 후에 옥스퍼드에서 로드 장학생영국 로드재단이 영어권 내 학생들에게 전 학비를 제공하고 영국 명문대에서 공부할 수 있는 기회를 주는 제도−옮긴이이 되었으며, 예일 대학에 진학하여 힐러리가 2학년 때 신입생이 되었다. 클린턴은 1학년 때 주로 캠퍼스를 떠나 활동했으며 진보주의자이자 반전 운동을 펼치던 조 더피의 상원의원 선거 운동을 도우며 예일 대학의 한 우상으로 자리를 잡았다. 빌 클린턴은 학우들에게 선거에 출마하기 위해 아칸소 주로 돌아갈 거라고 말하면서 전해져 오는 고향 소식에 귀를 기울이기도 했다.

힐러리가 먼저 클린턴에게 접근하여 자신을 소개한 이후 두 사람은 데이트를 시작했다. 이들의 첫 번째 데이트에서 빌 클린턴의 카리스마가 잘 드러난다. 힐러리와 클린턴은 캠퍼스 박물관의 전시품에 흥미를 느끼고 관람을 하려 했으나 이미 박물관은 문을 닫은 직후였다. 클린턴은 경비 아저씨에게 쓰레기를 치워줄 테니 박물관 문을 열어 달라고 부탁했다.

힐러리는 클린턴의 모든 사람에게 열린 마음으로 대하는 성격에 호감을 가졌다. 빌 클린턴은 누구에게든 스스럼없이 말을 걸었으며, 박물관 개장 시간이 제한되어 입장할 수 없는 일과 같은 장애에 부딪치기라도 하면 즉각적으로 대처할 줄 아는 순발력이 있었다. 이러한 빌 클린턴의 성격은 세상에 대해 과묵했던 힐러리의 기질과는 분명 다른 것이었다.

이들의 관계에 대해서는 여러 가지 밝혀지지 않은 사항이 있음에도 불구하고 전기 작가들과 친구들은 하나같이 힐러리가 클린턴에게 첫눈에 반해 두 사람이 진정한 사랑으로 발전했다고 주장한다. 이들의 관계가 2년째 접어들면서 클린턴과 힐러리는 동거를 시작했다. 빌 클린턴은 힐러리의 수줍어하면서도 열정적인 감정을 적절히 조절하여 오늘날까지 지속되는 관계를 만들었다.

빌 클린턴이 힐러리에게 있어 지성적으로 경쟁자였음에도 불구하고 이들의 관계는 훼손되지 않았다. 클린턴과 논쟁을 할 때면 항상 힐러리가 이길 만큼 힐러리의 지성은 학구적이면서도 이해력이 빨랐다. 반면에 빌 클린턴은 다양한 개념과 생각들 간의 연관성을 적절히 찾아낼 수 있는 능력이 있었다. 클린턴이 자주 캠퍼스 밖으로 빠져나가 수업에 불참하는 경우가 많았는데도 다른 학생들에게 뒤지지 않았던 점은 그의 독특한 지성 때문이었다.

힐러리의
블랙 팬서 지지 활동

힐러리는 로스쿨을 다니면서 그 시대의 영향을 민감하게 받아들이고 있었다. 힐러리가 1학년일 때 예일 대학은 블랙 팬서를 지지하는 정치 집회에 휘말리게 되었다.

힐러리가 웰즐리 대학에 재학 중일 때였다. 블랙 팬서의 전 회원이었던 알렉스 랙클리가 뉴 헤븐에서 북쪽으로 25마일 떨어진 코진초크강에서 변사체로 발견되었다. 총에 맞은 그의 시신에는 뾰족한 얼음 끝으로 찔리고, 담뱃불로 지지고, 심지어는 곤봉으로 두들겨 맞은 듯한 심한 고문의 흔적이 남아 있었다. 조사를 통해 랙클리는 블랙 팬서 내에서 재판을 받고 있는 중이었고, 경찰 첩자라는 이유로 처형되었음이 밝혀졌다. 한 목격자는 랙클리를 죽이라고 명령한 사람이 바로 블랙 팬서의 공동 창시자인 보비 실이라고 주장했다. 진보성향이 강하고 사회활동에 적극적이었던 예일 대학 법학과 학생들은 보비 실을 옹호하면서 잘못된 수사라고 경찰을 비난했다. 학생들은 블랙 팬서에 대하여 '도시의 로빈 후드'라고 낭만적으로 묘사했다. 폭력배같이 행동하면서 무자비함을 자랑했던 블랙 팬서는 그 자신의 진실보다 더한 대가를 받았고, 경찰 음모의 명백한 희생물이라는 주장은 널리 인정되었다.

보비 실은 결국 1969년 8월에 기소가 되었고 뉴 헤븐에서 재판이 열렸다. 그러자 예일 대학 학생들은 보비 실을 지지하는 집회를 열었다. 힐러리 역시 교수들 중 한 명인 토마스 에머슨을 위해 자원하여, 재판을 받고 있는 팬서가 시민의 권리를 남용하고 있는지 밝혀내려 했다.

재판은 많은 관심을 끌었고 학생 시위대가 예일 대학 캠퍼스를 진입하기에 이르렀다. 다양한 집단들은 학생들에게 투쟁할 것을 요구했고, 이에 대하여 대학 총장은 수업을 취소하고 외부 시위대가 캠퍼스 안에 들어오도록 허가했다. 힐러리는 학생의 요구와 혼란을 우려하는 대학 행정처 사이를 조율하며, 그 당시의 상황에서 주목을 받았다.

힐러리는 웰즐리 대학의 졸업 연설이 《라이프》지에 게재되어 이미 캠퍼스 내에서 잘 알려진 상태였으며, 그녀의 입지는 이 사건으로 인해 전혀 손상 받지 않았다. 힐러리 특유의 접근 방법

중 하나는 학생과 행정처 간의 열린 대화를 유지하기 위해 기존의 제도 내에서 활동하려는 시도였다. 힐러리는 장래에 정치가가 되고자 하는 꿈을 꾸었기에 외부로부터가 아닌 내부로부터의 활동에 초점을 맞추었다. 그러나 궁극적으로 예일 로스쿨은 아동 보호를 위해 일하고자 했던 힐러리 클린턴의 열정에 불을 지핀 시초가 되었다.

힐러리가 어린이 보호 기금의 창시자인 마리안 라이트 에델맨과 만난 것은 예일 대학에 재학 중일 때였다. 그녀는 예일 대학에서 1학년을 마치고 나서 여름 동안 에델맨 조직에 자원하여 일했다. 초기에는 에델맨의 조직이 수당을 줄 만한 여유가 없었기에 힐러리는 실망하지 않을 수 없었다. 그러나 얼마 지나지 않아 수당에 상응하는 보조금을 받을 수 있었고, 상원의원인 월터 먼데일에게 소속되어 이민 근로자들 자녀의 생활 상태를 조사하였다. 이 경험을 바탕으로 2학년 때는 '예일 아동연구센터'에서 일하며 법에 대한 지식과 새로 알게 된 아동 문제에 대한 관심을 접목시켰다. 그리고 아동 보호 문제에 초점을 맞추어 활동한 결과 '뉴 헤븐 법률서비스협회'에서 일하게 되었다. 힐러리는 기존의 법률 제도 안에서 아동을 보호하고자 하는 자신을 발견했다. 그러나 이러한 바람은 힐러리가 빌 클린턴을 통해 다양한 기회를 제공받으면서 맞아떨어지지 않았다.

블랙 팬서를 둘러싼 활동은 힐러리 로댐이 지적으로 성숙하는 데 한 몫을 했다. 1971년 여름, 힐러리는 로스쿨에서 2학년 과정을 마치고 대중 운동에 관한 법률에 대해 경험을 쌓기로 작정했다. 그리고 캘리포니아 버클리로 가서 블랙 팬서의 변호사 중 한 명이었던 로버트 트레우하프트를 위한 인턴사원으로 일했다. 트레우하프트를 위해 일하는 동안에도 힐러리는 계속 빈곤층과 이민 노동자들에게 관심을 기울였고, 그들의 입장을 옹호하면서 많은 지원 활동을 펼쳤다.

로스쿨 3학년 때 뉴 헤븐으로 이사한 힐러리와 빌 클린턴은 그곳의 작은 방에서 동거를 시작했다. 힐러리는 파크 리지에 있는 집으로 클린턴을 데려가 가족에게 소개했다. 로댐은 클린턴이 성실하고 좋은 사람이라는 생각을 했으나, 정치 개혁을 이루기 위해 알칸소로 돌아가려는 이 젊은이와 무슨 일을 하겠다는 건지 이해하지 못했다.

힐러리가 3학년을 보낸 그다음 해 여름, 클린턴과 힐러리는 텍사스로 가서 조지 맥고번의 대통령 선거 운동을 돕기 위해 텍사스 주위를 차로 돌아다니며 선거 운동을 펼쳤다. 사실 맥고번의 선거 운동에서 클린턴이 어떤 활동을 했는지는 잘 알려진 바가 없다. 단지 두 연인이 선거 운동의 계획을 세우기 위해 열심히 일했다는 말만 전해지고 있을 뿐이다. 그러나 정치 비평가들은, 맥고번을 위해 펼쳤던 활동은 클린턴 부부가 많은 사회 문제에 대해 주장하는 것보다 한층 진보적인 견해를 나타내는 증거라고 악용했다.

대학 졸업과
클린턴과의 관계

힐러리 로댐은 졸업 후 민간 법률 회사에서 수많은 섭외를 받았음에도 불구하고, 1972년 뉴 헤븐으로 돌아와 빌 클린턴이 학업을 마친 해에 4학년 과정을 밟았다. 이로써 힐러리는 '예일 아동연구센터'에서 일한 경험을 바탕으로 법률 전문가로서 사회에 진출할 자격을 완전히 마치게 된다. 힐러리가 예일 로스쿨에서 4학년 때 정했던 최종 목표는 아동 권리에 대해《하버드 에듀케이셔널 리뷰》에 글을 올리는 일이었다. 힐러리는 이 글에서 어린이들을 법적으로 무력하다고 여겨서는 안 되며 어린이들의 앞날에 대해 책임감 있는 결정을 내려야 한다고 주장했다.

이 글은 정치 반대파들에 의해 힐러리가 해체 가족의 입장을 옹호하고 자녀들이 부모를 고소하게 만들었다고 주장하는데 주로 이용되고 있다. 이 글은 실제로 그런 성격을 띠고 있지 않음에도 불구하고 그녀의 경력과 빌 클린턴과의 관계를 어둡게 만들었다. 더욱이 힐러리가 로스쿨에 복귀함으로써 클린턴과의 관계에 혼선이 빚어졌으며 그에 따라 결혼도 수월하게 이뤄지지 못했다. 이들은 자주 말다툼을 했고 힐러리는 그 상황에서 어떻게 해야 할지 결정을 내리지 못했다. 클린턴을 집으로 데려가 식구들에게 소개하며 자신들이 진지한 사이임을 드러냈음에도 힐러리는 혼란스러워했다.

도로시 로댐은 클린턴을 처음 만났을 때 웅변술이 뛰어나고 순수하며, 사랑하는 고향으로 돌아가겠다는 단호함을 지닌 매력적인 청년이라고 여겼다. 그 후 힐러리의 형제들은 빌 클린턴과 평생에 걸친 유대관계를 맺었고, 클린턴이 대선후보로 나섰을 때 선거 운동을 도와주게 된다.

휴 로댐은 딸이 집으로 데려온 이 청년에 대해 깊이 고민했다. 그리고 힐러리의 형제인 휴가 클린턴의 착한 성품을 이용하여 정원 일을 도와 달라고 요청했을 때 그 일을 하지 못하게 막아 주었다.

힐러리는 미래를 준비하기 위해 워싱턴 시에서 변호사 시험을 치르고, 아칸소로 가서 클린턴과 함께 주 변호사 시험도 치렀다. 힐러리와는 대조적으로 빌 클린턴은 앞날에 대해 어떠한 의심도 하지 않았다. 클린턴은 언제나 말하듯 후보로 나서기 위해 아칸소로 돌아가려는 계획에 몰두하고 있었다. 빌 클린턴이 공직에 나서려는 야망을 갖고 있는 한 힐러리와의 관계는 복잡해졌다. 아칸소처럼 보수적인 주에서 혼인이 아닌 연인 관계는 정치 후보자에게 오점이 될 수 있었기 때문이다. 그러나 클린턴은 힐러리에게 어떠한 선택도 강요하지 않았다.

결국 이 두 사람은 졸업과 동시에 서로 다른 길을 가게 되었다. 빌 클린턴은 아칸소 대학 로스쿨에서 교편을 잡는 한편 출마를 위한 준비에 시동을 걸었다. 힐러리 로댐은 매사추세츠 캠임브리지에 있는 아동보호기금에서 제안한 자리를 받아들였으나 그다지 오래 머물지는 않았다. 1974년 1월에 힐러리는 워싱턴으로 이사하여 닉슨 대통령의 탄핵 청문회 특별 검사였던 존 도아르의 직원으로 일했다. 힐러리는 도아르와 함께 일했던 예일대 로스쿨 교수인 버크 마샬을 통해 이 기회를 얻게 되었는데, 도아르의 직원은 힐러리에 대해 "초반부터 탁월한 역할을 해냈다"라고 평가했다. 고용된 변호사는 대부분 잡무를 처리하는 수준인데 힐러리는 사법위원회의 일원으로서 회의에도 자주 참석했다고 한다. 또한 도아르가 닉슨의 소송에 대해 독자적인 수사를 하도록 지시한 베르니 누스바움과도 함께 일했다. 힐러리의 역할이 가장 돋보였던 부분은 탄핵 소송안이 하원에 전달되는 절차 규정의 초안을 작성한 것이다. 힐러리는 닉슨 소송을 수사하는 데 많은 시간을 들였고 그 결과를 기록으로 남겼다.

　탄핵의 이유로 제시한 세 가지 조항 즉 '권력 남용', '재판 방해', '의회에 대한 경시'가 닉슨에게 아주 불리하게 작용하였으며 그 결과 1974년 8월 9일 대통령직을 사임하면서 탄핵 청문회가 열릴 수 있었다. 오랜 세월이 지난 후에 힐러리 클린턴은 남편 클린턴 대통령에 대한 탄핵 사건에서 자신의 남편에 대항해 동일하게 이 규정을 작성하게 되는 아이러니를 겪게 된다.

　닉슨이 사임하자 힐러리가 맡았던 워싱턴에서의 일도 종료되었다. 그녀는 오랫동안 공을 들인 과제가 돌연히 끝나게 되자 향후 진로에 대해 고민하게 되었다. 여전히 빌 클린턴과의 관계가 지속되고 있는 건지 확신할 수 없었지만, 힐러리는 그와의 관계 회복을 원하고 있었다. 그들은 떨어져 있는 동안에도 서로 적극적으로 연락을 했으며 전화 통화료만 해도 엄청날 정도였다. 탄핵 수사가 끝나기 바로 전 주에 힐러리는 파예트빌로 내려가 클린턴을 만났다. 그곳에 머무는 동안 힐러리는 아칸소 대학 로스쿨에서 강의를 해 달라는 제의를 받았다. 당시 아칸소 대학 로스쿨은 대학 순위를 높이고 명문 대학으로 발돋움하기 위해서 보다 우수한 변호사를 채용하려 하고 있었다. 도아르와의 일이 마무리 지어진 후 힐러리는 마음이 이끌리는 대로 강사직을 받아들여 아칸소로 가서 교편을 잡았다.

파예트빌로의 이사는 인구 밀집 지역이나 도시 환경에서 살았던 젊은 여성에게 커다란 전환점이 되었다. 이것이 옳은 선택인지는 불확실했지만 힐러리는 어느 정도 위험을 감수할 필요가 있다고 생각했다. 그리고 막상 워싱턴 주 변호사 시험에 실패한 후 아칸소 시험에는 합격하자 이를 클린턴과 인생을 함께 하라는 징표로 받아들였다.

힐러리가 하버드 대학이 아닌 예일 대학 로스쿨에 다니기로 한 결정은 그녀가 앞으로 살아가게 될 인생의 항로에서 결정적인 역할을 했다. 그녀는 그로 인해 장래 남편을 만났을 뿐 아니라 최고의 기업 변호사로도 일하게 되었다. 사실 이 직위는 힐러리가 이미 예전에 맡을 수 있었던 자리이기도 했다.

그 후 힐러리는 아칸소에서 여러 해 동안 변호사로 개업하여 일하게 되는데 이는 그전의 일들과는 다른 차원의 기회를 제공하는 계기가 된다. 이렇게 아칸소 주에서 고르게 일할 수 있는 기회를 얻었기에 힐러리는 미연방국 대선 출마라는 역사적 사건을 낳은 '시민 참여'에 평생토록 헌신할 수 있게 된 것이다.

"심한 고통과 분노의 시간이 있었지만
내 인생의 절반을 그와 함께 했다.
그는 좋은 사람이다.
어떤 일이 있어도 이어질 깊은 끈이
우리 사이에 존재한다.

그것은 바로 사랑이다."

힐러리 클린턴

HILLARY CLINTON

제3장

정치적 고향, 아칸소

힐러리 로댐이 아칸소에 머물 때의 생활은 그녀가 꿈꾸던 생활과 달랐다. 그렇다 하더라도 힐러리는 빌 클린턴과 미래를 함께 하려면 어느 정도 양보해야 한다는 사실을 알고 있었다. 힐러리는 클린턴과 알고 지내는 동안에 그가 아칸소로 돌아가 공직에 출마하려는 생각을 갖고 있음을 알았다.

또 조지타운, 옥스퍼드, 예일에서 클린턴과 알고 지냈다고 공공연히 떠들어 대는 사람들이 클린턴에 대해 하는 이야기는 거의 비슷했다. 그는 고향인 아칸소 주를 사랑했고 그곳의 발전을 위해 헌신적이었다. 따라서 클린턴은 자신과 힐러리에게 주어진 일자리를 거절하고 동부를 떠나려 했다. 1973년 로스쿨을 졸업하자 빌 클린턴은 파예트빌에 있는 아칸소 주 로스쿨에서 교편을 잡았다. 그는 교직을 이용하여 아칸소 주에서 입지를 확립하였고 결국 연방 국회의원에 출마했다.

1974년 여름 아칸소 주를 방문하는 동안 힐러리는 클린턴이 공화당원인 존 파울 함머슈이트와 국회의원 선거를 두고 한창 경합 중이라는 사실을 알았다. 힐러리의 남동생들까지 아칸소로 와서 클린턴의 선거 운동을 도왔다. 힐러리 남동생들이 아칸소까지 오게 됨으로써 클린턴과 힐러리의 관계는 보다 견고해졌다. 힐러리가 아칸소에 있는 동안 아칸소 대학 로스쿨은 미국 내 대학 순위를 높이기 위해, 힐러리에게 원한다면 자리를 마련해 주겠다고 제안했다. 힐러리 로댐은 워싱턴 시에서 앞날이 보장되는 자리를 많이 얻을 수 있었기에 결정을 내리기가 어려웠다. 또한 동부에서 경력을 쌓아갈 것인지, 남부의 작고 가난한 도시인 아칸소 주로 와야 하는지 갈등했다. 그러나 힐러리는 지금까지 살면서 처음으로 야망보다는 사랑을 선택했다.

1975년,
클린턴과 결혼하다

힐러리가 워싱턴을 떠나 파예트빌로 왔을 때 한 친구가 그녀를 도왔다. 그 친구는 힐러리가 시골뜨기 변호사와 결혼하기 위해 파예트빌로 간다고 주위의 비웃음을 샀음에도 불구하고 새롭게 맞이할 인생을 기대하며 즐거워했다고 전한다. 다른 친구들도 이미 법률 스타로 부상한 힐러리 로댐이, 당시 2등 로스쿨에 지나지 않던 그곳에 교편을 잡으러 간다는 얘기를 듣고 믿지 못했다. 힐러리의 어머니조차 아칸소가 딸에게 적합한 곳인지 의아해 했다. 하지만 타고난 천성대로 딸의 결정에 별로 간섭하지 않았다. 힐러리는 빌 클린턴을 사랑했기에 그를 만나러 가야 한다고 말했다. 힐러리의 삶에 있어서 지금까지 단 한 번도 그 자신이 나아갈 방향에 대해 이처럼 영향을 끼친 사람은 없었다.

파예트빌로 간 힐러리는 로스쿨에서 학생들을 가르쳤다. 닉슨이 사직한 이후 닉슨 탄핵위원회에서의 직위도 끝난 상태였다. 힐러리는 법학 교수로서 자신보다 나이 많은 학생들을 가르쳤고 능력을 발휘했다. 또한 교내에 법률지원 프로그램을 신설했다.

한편 빌 클린턴은 충분한 자금을 지원받으며 상당한 인기를 누리고 있던 경쟁자를 이기기 위해 아칸소 주를 발로 뛰어다녔다. 힘겨운 경쟁 속에서도 클린턴은 전국을 휩쓸던 닉슨에 대한 반감이 자신의 선거에 유리한 작용을 할 거라는 희망을 갖고 있었다. 그러나 상황은 녹록지만은 않았고, 결국 빌 클린턴은 52% 대 48%로 첫 번째 선거에서 패배하고 말았다.

그 다음 해에 클린턴은 힐러리 로댐에게 청혼을 했고 마침내 1975년 10월 11일에 결혼식을 올렸다. 동거하던 파예트빌의 작은 집에서 젊은 한 쌍의 조촐한 결혼식이 열린 것이다. 신부는 결혼식 전날 어머니와 함께 근처 백화점에서 고른 드레스를 입었고, 연회는 근처에 살고 있는 친구가 자신의 집에서 열어 주었다. 그리고 미국 전역에서 친구들과 가족이 찾아 와 이 특별한 날을 축하해 주었다.

당시 힐러리는 젊었고 미래의 진로에 대해 확신하지 못하고 있었다. 공직에 관심이 있던 힐러리는 미 해병대에 입대하려 했지만 거절당하고 말았다. 이유는 나이가 많고, 비전이 뚜렷하지 않으며 성격이 너무 온순하기 때문이었다. 또한 군 변호사로 일할 생각도 했는데 나중에 백악관 대변인은 "힐러리는 가능한 모든 일자리를 알아보았다. 심지어 주 방위군에서도 일자리를 찾았다"라고 말했다.

빌 클린턴은 국회의원 선거에서 패배했음에도 불구하고 빠른 보폭으로 재기에 성공했다. 1976년 무렵 아칸소 주 법무장관으로 선출된 것이다. 경쟁이 매우 치열했던 의회 선거 때와는 달리 법무장관 선거는 수월했다. 아칸소 민주당에 회비를 내고 명문 대학 졸업이 기재된 이력서와 내세울 만한 정치적 활동에 대한 경력을 전달하면 민주당으로부터 후보로 지명되는 데는 별 문제가 없었다. 아칸소 공화당은 클린턴의 정치적 경력을 따라잡기에도 벅찰 정도였다.

비교적 수월했던 선거 운동으로 인해 클린턴은 지미 카터의 대통령 선거 운동을 위해 일할 수 있었다. 빌 클린턴이 아칸소에서 민주당 후보로서 표를 얻기 위해 노력하는 동안 힐러리는 인디애나 주로 파견되어 현장 조정자로 일했다.

변호사직을 수행하기 위해 클린턴 부부는 파예트빌을 떠나 리틀 락으로 거처를 옮겼다. 그에 따라 힐러리는 법학 교수직을 그만둘 수밖에 없었다. 그녀는 가르치는 일을 즐겼으나 파예트빌은 리틀 락과 거리가 너무 멀었다. 그러나 클린턴이 리틀 락에서 새로운 직업을 구하려 했기에 어쩔 수가 없었다.

힐러리는 클린턴과 자신이 직업을 둘러싸고 충돌이 생길 것을 우려해 주 정부에서 일하거나 그 밖의 다른 공직에서 일해야겠다고 생각했다. 그에 따라 힐러리는 개인법률 사무소에 합류하기로 결정했다. 힐러리의 로즈 로펌은 빌 클린턴의 대통령 캠페인과 영부인으로서 그녀의 위치를 계속 떠오르게 하는 스캔들의 결과로 누구나 아는 이름이 되었다.

힐러리의
독특한 패션 감각

힐러리는 법률 회사의 소송 담당 부서에서 일했는데, 그녀는 법률 회사에서 일하는 최초의 여직원이었다. 힐러리는 법 실무를 통해 아동 복지에 대한 관심을 계속 실현해 나갔다. 그녀가 초년시절 맡았던 소송 중 하나는 수양부모가 돌보는 자녀는 입양되지 못하도록 한 법을 개정하는 일이었다. 이 소송에 들인 노력의 결과로 힐러리는 다른 변호사들과 함께 어린이 및 가족을 위한 아칸소 지지단체를 창립했는데, 이 조직은 오늘날까지 운영되고 있다.

힐러리 클린턴은 법률 회사에서 일하게 됨으로써 법률 지식을 연마하게 되었고, 부부에게는 안정된 수입원이 제공되었다. 또한 아칸소 주 내에서 정치적으로 보다 확실한 기반을 마련하였다. 인기 있는 법무부 장관이었던 빌 클린턴은 1978년 주지사 선거에 출마할 의사를 밝혔으며, 결국 32살의 나이로 선거에서 승리했다. 아칸소에서 주지사의 임기는 단 2년이었다.

1979년 힐러리는 공직에서 일하기 위해 머물고 있던 로즈 로펌에서 동업자로 승진되었다. 그녀는 새로운 직위를 맡으면서 아동보호기금을 위해 계속 일했고, 위원회 회의에 참석하기 위해 정기적으로 워싱턴을 방문했다. 카터 대통령의 선거를 도운 대가로 힐러리 또한 카터 대통령에 의해 법률사무소 위원에 지명되었다. 법률사무소는 닉슨 대통령과 의회가 신설하였으며 빈곤층에게 법률 서비스를 제공하는 역할을 했던 곳이다. 당시 법률사무소 위원이 되려면 상원의 비준이 필요했는데, 힐러리는 아칸소 대학 로스쿨에서 맡았던 직함과 아동옹호자로서 오랫동안 걸어온 업적으로 별 어려움 없이 상원의 승인을 받았다. 힐러리는 법률 활동, 법인 및 비영리 위원회를 위한 노력 이외에도 남편을 대신하여 '지방보건 자문위원회'를 책임지게 되었다. 1980년 이때는 클린턴 부부가 딸인 첼시아를 낳은 시기였다.

힐러리 클린턴은 자신이 맡은 직업에서 성공했지만, 아칸소 사람들은 새로운 영부인에 대해 당혹감을 느껴야 했다. 그녀는 시작부터 남편의 성을 따르는 대신 처녀 때 이름으로 계속 활동했으며, 심지어는 자신만의 독특한 이름을 붙이기도 했다. 그러나 이러한 행동은 1970년 당시 파격적인 행동으로 특히 보수적인 아칸소에서는 따가운 눈총을 받았다. 처녀 시절 이름을 유지하려 한 힐러리의 의도는 이미 결혼식 선서에서도 드러 났다.

그녀가 아칸소에서 남들에게 의아심을 불러일으켰던 또 다른 행동은 외모에 신경을 쓰지 않는 모습이었다. 힐러리는 머리를 전혀 다듬지 않았으며 화장도 하지 않았고 유행에 뒤떨어진 옷을 걸치고 다녔다. 클린턴 부부와 오랜 친구인 린다 블러드워스 토머슨은 "사람들은 힐러리를 히피족이라고 생각했다"고 말했다. 그처럼 힐러리는 외모에 신경을 쓰지 않는 사람으로 오랫동안 널리 알려졌다. 실제로 힐러리의 외모는 오늘날에도 여전히 주목받고 있다.

으레 여성은 주로 그 외모에 대중의 눈이 집중적으로 쏠리기 마련으로, 그녀의 드레스 차림과 헤어스타일, 또는 몸매에 대한 기사는 그다지 특이한 기사가 아니다. 하지만 힐러리가 받은 관심은 외모에만 한정되지 않았다. 1992년 대선 운동 중에는 그녀의 패션 감각이 부족한 것에 대하여 많은 신문들이 앞다퉈 기사를 올렸다. 힐러리의 헤어스타일에 대해서도 수년 동안 추측과 관심이 난무하며, 실제로 백악관에서 살던 시기에는 힐러리의 다양한 스타일을 따라 하기 위한 전용 웹사이트가 뜨기도 했다. 그녀는 외모에 대해 전혀 상관하지 않는 성격 때문에 사람들에 의해 과소평가되며, 남편을 내조하는 조용하고 헌신적인 아내일 뿐이라고 추측되기도 했다.

힐러리에 대한 평가가 그렇다 보니 실제로 그녀는 자기 일에 바쁘고 사회 경력을 쌓는데 적극적인 만큼, 주요한 인물로 예측되지 못했다. 아칸소 사람들은 힐러리가 딸 첼시아를 낳고 너무 빨리 일에 복귀하여 더욱 놀랐다. 그녀는 출산 후 6주가 채 지나기도 전에 다시 외출을 시작했고, 첼시아를 가까운 친구에게 맡겨 놓은 채 직장에 나갔던 것이다.

힐러리가 주지사 아내에게 알맞다고 여겨지는 행동들에 대해 무관심한 태도를 보임에 따라 사람들은 놀랐으며, 그 와중에 클린턴은 자신을 주지사로 뽑아 준 지지층을 빠른 속도로 잃어가고 있었다. 클린턴은 선거 때 63%의 표를 얻으며 결정적인 승리를 한 후, 아칸소에서 실제로 변화를 일으켜도 좋다는 표시로 받아들였다. 그러나 이러한 개혁 문제는 그가 1993년 백악관에서 집무를 보기 시작했을 때도 다시 부딪친 문제였다. 클린턴은 이 일을 통해 국민들에게 지지를 받기 위해서는 세금 인상이나 장기간 수당을 깎는 일을 하지 않아야 한다는 사실을 알게 되었다. 여론이 이러했으므로 클린턴이 고속도로 시설을 개선하고 자금 조달을 위해 면허료 인상 금액을 썼을 때 즉각 반대에 부딪쳤다. 클린턴은 그에 대한 해결책을 내놓았으나 국민의 분노는 더 격해질 뿐이었다. 그리고 카터 대통령의 요구로 쿠바 망명자들을 지나치게 많이 수용하게 되자 지지율 또한 크게 저하되었다. 점점 더 많은 쿠바 망명자들이 미국 땅을 밟게 되었고, 그에 따라 그들을 미국 전역으로 뿔뿔이 흩어지게 하기 위한 조치가 요구되었다. 망명자 중에는 카스트로를 피해 몰래 쿠바를 빠져나와 위험을 무릅쓰고 뗏목을 이용하여 바다를 건너 플로리다에 도달한 사람들도 많았다. 그 외 망명자들은 카스트로가 교도소에서 풀어준 뒤 쿠바에서 연금생활을 할 것인지 아니면 미국에 정치적 망명을 원하는지에 묻자 후자를 선택하여 미국으로 들어 온 사람들이었다. 결국 이 두 가지 문제로 인하여 빌 클린턴은 첫 번째 재선거 운동 기간에 정적의 표적이 되었다.

가족부양을 책임지다

빌 클린턴은 정치계가 변덕스럽다는 것을 1980년 재선거 출마에서 패하고 자리에서 쫓겨나면서 이내 알게 되었다.

힐러리는 정치적으로 명민한 사람이었기에 자신의 단호한 성격을 바탕으로 능력 안에서 클린턴을 돕기로 작정하였다. 클린턴이 1979년에 라마즈 호흡법 수업을 들으러 가고, 분만실에서 함께 출산을 도운 일에 대하여 정치계에서는 입방아를 찧었지만, 그는 사람 좋게도 별 반응을 보이지 않았다. 그 와중에 힐러리는 남편이 지향하는 목표에 보다 도움을 주기 위해서는 변화를 시도해야 할 필요가 있음을 느끼게 되었다. 결국 힐러리는 클린턴이 1982년 다시 한 번 후보로 나서자 남편 성을 따르기로 했다. 그리고 후보의 아내로서 개인 이미지 관리에도 신중을 기하며 노력했다. 자신의 상징이었던 두꺼운 안경을 벗어 버리고 콘택트렌즈를 끼기 시작했다. 머리를 다듬고 새 옷을 샀으며 외출할 때면 화장을 하고 나가려 신경을 쓰며, 특별 행사를 앞두고는 헤어 스타일리스트에게 머리를 맡길 정도였다.

힐러리가 처녀 때 성을 버렸다는 것은 얼마나 많은 것을 양보했는지 보여주는 피상적인 사건에 불과하다. 힐러리는 자랄 때 목표를 확실히 추구하라는 가르침을 받았고, 일류 대학을 졸업했으며 수많은 선택권을 갖고 있었다. 그러나 그녀는 아칸소로 떠나면서 사랑을 위해 많은 일들을 포기했다. 정규직 사원으로 일하면서 수많은 프로젝트를 추진하는 동안에도 언제나 자신의 행동이 클린턴의 앞날에 영향을 끼칠까 봐 노심초사했다. 힐러리는 2000년 뉴욕 상원의원 선거에 입후보하고 나서야 자신의 꿈을 전면으로 내세워 야망을 추구하기에 전념하였다고 볼 수 있다.

빌 클린턴이 1982년 주지사직을 다시 얻는 데 성공하고 난 후, 그들 부부가 첫 번째로 시행한 일은 장기적으로 아칸소 주가 발전하는 데 중요하다고 여겼던 수많은 안건을 처리하는 것이었다.

힐러리는 이러한 활동을 펼치면서도 여전히 가족 부양의 책임을 짊어졌다. 아칸소의 주지사로 일하며 클린턴이 받은 급여가 매우 적었기 때문이다. 힐러리가 이렇게 가족 부양의 책임을 졌기에 이후 클린턴 정부를 초반부터 괴롭혔던 스캔들은 더 이상 악화되지 않았다. 흥미롭게도 이 두 가지 스캔들은 모두 힐러리가 아칸소에서 맡았던 소송과 관련된 것이었다. '화이트워터' 사건과 엄청난 액수의 보상과 관련된 소규모 투자 사건이었는데, 그 소송들은 힐러리가 얼마나 영향력 있는 사람인가에 따라 결과가 달라졌기 때문에 많은 사람들이 보기에 일종의 정치적 제휴로 보였다. 클린턴 부부 지지자들은 힐러리의 해명에 따라 그들 부부를 해코지하기 위한 우파의 음모라는 주장에 공감하는 분위기였으나, 반대하는 자들은 힐러리가 꾸민 이야기라고 생각했다.

처음으로 터진 스캔들 중 하나는 힐러리가 아칸소 주에 있는 동안 친구 짐 블레어를 통해 1,000달러를 상품 시장에 투자한 일과 관련이 있었다. 힐러리는 가족 부양을 위해 돈을 굴릴 필요가 있어 투자하기로 결정했다고 설명했다. 마찬가지로 비망록에서 힐러리는 남편이 돈에 너무 관심이 없었다고 설명하고 있다.

책을 구입할 돈과 여비만 있으면 만족한다고 말하는 클린턴과는 달리 힐러리는 "정치에 몸담는다는 게 본래 불안정한 전문직을 의미하기 때문에 비상금을 마련할 필요가 있다"며 걱정을 했다.

블레어의 조언으로 상품 시장에 투자할 기회가 주어졌을 때 힐러리는 그 기회를 선뜻 받아들였다. 언론의 보도에 의하면 힐러리는 결국 시장 거래를 그만두었을 때 10만 달러 즉 1만 %의 이익을 얻은 상태였다. 그러나 이 같은 주장은 전적으로 사실이 아니었다. 투자한 금액 중에는 손실로 인해 그 이익이 상쇄된 것도 있었기 때문이다. 힐러리가 1980년 은행 거래를 끝냈을 때 총수익은 7만 2,996달러로 첫 투자에서 얻은 것 치고는 상당한 액수였지만 언론에서 주장한 만큼의 큰 액수는 아니었다. 그녀는 첼시아가 태어나면서 상품 시장에 관여하는 일을 그만뒀는데, 새로 태어난 아기를 돌보면서 일을 하는 것이 너무나 어려웠기 때문이다. 힐러리의 이러한 성과에 의문을 품은 사람들이 많았고 그로 인해 그녀는 백악관에 있으면서 수익에 대해 설명하기 위한 기자 회견을 가져야 했다. 이 투자 스캔들은 그 후로 힐러리 쪽에서 부정을 저질렀다는 증거가 나오지 않았기 때문에 중요한 수사 대상이 되지 않았다.

그러나 힐러리의 '화이트워터' 부동산 투자에는 행운의 여신이 따르지 않았다. 실제로 이 특별한 투자는 이후에 '화이트워터' 스캔들이라고 알려졌으며 빌 클린턴 임기 중 상당한 기간에 걸쳐 철저하게 수사를 받았다. '화이트워터' 투자는 클린턴 부부가 친구인 맥두걸 부부와 함께 한 것이었다.

클린턴 부부와 맥두걸 부부는 노스 아칸소 화이트 리버 남쪽 제방에 있던 미개발 토지를 230에이커 구입했다. 이들은 그 땅을 개발한 후 이윤을 남겨 매각하려 했다. 그런데 흥미롭게도 클린턴 부부는 이 투자에서 돈을 한 푼도 쓰지 않았다. 그런 이유로 이들은 맥두걸 부부가 소송에 걸렸을 때 그 소송이 적법한지 의문을 제기하지 못 했던 듯하다. 이 투자는 결국 클린턴 부부가 맥두걸 부부와 나누려 했었다는 주택담보 대출 전액을 클린턴 부부가 상환해 가는 책임으로 종결되었다. 클린턴 부부의 투자 계획은 그럴듯했지만 결국 솟구쳐 오르는 이율의 희생양이 되어 그 땅은 전혀 개발되지 못했다. 클린턴 부부는 대출 전 금액을 갚기보다는 그 대출 금액에 대한 담보권을 행사하려던 짐 맥두걸의 계획을 받아들였는데, 이것이 빌 클린턴의 대통령 임기 동안 이들 부부를 따라다니는 스캔들로 이어지게 된 것이다.

힐러리의
과감한 변신   1992년 선거에서 승리한 클린턴 주지사
                   의 목표 중 하나는 아칸소 주 교육에 초
점을 맞추는 것이었다. 이 일에 성공하고자 빌 클린턴은 그가 대
통령으로 취임했을 때도 반복한 결정을 내리게 된다. 바로 아칸
소 주 교육 개혁을 하는 동안 힐러리에게 위원회 의장을 맡기는
것이었다. 힐러리는 그 결정이 위험하다고 생각했지만 클린턴
은 그 인사가 자신의 고향인 아칸소 주 내에서 교육 개선에 대한
필요성이 얼마나 절실한가를 보여 주는 행동이라고 주장했다.
교육 개혁은 쉬운 과제가 아니었고 많은 단체들이 심하게 반대
해 왔던 문제였다. 특히 교사들은 교사 자격시험을 의무화하자
는 제안에 반대했다. 남편에 의해 새로운 역할을 맡도록 끝내 설
득 당한 힐러리는 애초에 추구했던 목표대로 교육 개혁 방안을
마련해 나갔다.

  힐러리는 체계적으로 카운티의 이곳저곳을 방문했으며, 각
카운티마다 공청회를 열어 아칸소 전역의 교육 상황에 대한 직
접적인 정보를 수집했다. 힐러리의 카운티 순회는 정치적 목적
에 있어 큰 성공을 거두었으며, 또한 클린턴의 정치적 성공에도
중요한 역할을 했다. 아칸소 주 전역의 사람들, 정치적 유력인사,
평범한 시민들 모두 힐러리를 알게 된 후 그녀의 우수한 지성과

공공 서비스에 대한 헌신, 전반적인 업무처리의 능숙함에 대해 존경하게 되었다. 힐러리가 제안한 개혁의 주제가 다소 모순적이었음에도 불구하고 그녀는 아칸소 주 사람들에게 크게 호감을 샀다.

이 개혁을 통해 힐러리는 상당히 과감한 변신을 하게 된다. 그녀는 유행에 맞는 옷차림을 하고 자신이 좋아하던 외할머니의 드레스를 입지 않았으며 머리 모양도 보다 세련되게 다듬었다. 심지어는 남부 지방 사투리를 익혀 상황에 따라 적절히 구사하기까지 했다. 그녀는 말투도 좀 더 부드럽게 바꾸었는데, 이러한 노력은 아칸소 주 내 엘리트층에게 호감을 샀다.

힐러리는 힐러리 로댐이라는 이름 대신 빌 클린턴 부인으로 명칭을 고쳤을 뿐 아니라 장소에 어울리는 옷차림을 하기 시작했고 부활절 모자까지 완벽하게 구비했다. 그녀는 외모의 변신으로 인해 아칸소 주 교육 제도를 개혁하려는 노력에서 지지를 받게 되었다.

제안된 교육 개혁에 대해 힐러리가 주 입법부 앞에서 증언을 할 무렵, 그녀는 극성을 부렸던 반대자들의 기세를 이미 한 풀 꺾어놓은 상태였다. 심지어 반대자들 중에는 클린턴이 부당하게 선출되었다고 말하는 사람도 있었다. 힐러리는 아칸소 주 사람들이 퍼스트레이디라면 으레 지닐 거라고 예상되는 외모에 관심을 가지면서, 이 경험을 통해 어째서 지난날에 사람들의 마음을 사로잡기가 어려웠는지 이해하게 되었다.

아칸소 주에서 교육 제도를 바꾸는 일은 클린턴 주지사 행정부의 대표적인 성과였으며, 당시 레이건 정부에 의해 가장 성공적인 주 개혁 중 하나로 열렬한 환영을 받았다. 빌 클린턴이 아내에게 그 개혁을 전담하게 한 결정은 성공적이었던 셈이다. 하지만 불행히도 이 성공은 미국 건강보험 정책을 실행한 이후부터는 다시 되풀이되지 않았다.

빌 클린턴은 상당히 순조롭게 주지사 직책의 두 번째 임기를 맞았다. 힐러리는 남편의 정치 경력에 적극적으로 관여하면서도 교육 개혁 이외에 자신만의 몇 가지 목표를 추구하였다. 이 기간 동안 월마트와 TCBY 이사 위원회에 임명되었으며, 월마트가 재활용 프로그램으로 환경친화적인 기업이 되는데 중요한 역할을 했다. 힐러리는 아칸소 주에서 활동하는 동안 미국에서 가장 영향력 있는 100인의 변호사 중 한 명으로 두 번이나 지명되었다.

빌 클린턴은 1992년 대선에 나설 때까지 아칸소 주지사로 일했다. 1986년 선거에서는 큰 득표차로 재선출되었는데, 이는 클린턴이 시민들에게 인기가 있음을 보여줄 뿐 아니라 주 내 정책에서도 큰 성공을 거두었음을 보여 주는 것이었다. 클린턴은 아칸소 주 입법부에 대한 로비에도 성공하여 주지사의 임기를 2년에서 4년으로 늘렸다. 이는 클린턴에게 이전에 누렸던 것보다 많은 안정감을 주었다. 또한 이 덕분에 '전미주지사협회'의 의장이 되었는데, 이 협회는 클린턴에게 미국 내에서의 높은 인지도와 대선에서 후보자로 선출될 가능성을 보장해 주었다.

1985년 빌 클린턴은 '민주적지도자회의Democratic Leadership Conference, DLC'의 창립자 중 한 명이 되었다. DLC는 중앙 선거와 주 선거에서 민주당의 승리가 보다 수월해지도록, 민주당 이념을 좀 더 강하게 노출하려는 목적으로 설립된 조직이었다.

1988년 민주당은 당 후보 지원자들에 대한 자격 제한을 크게 완화했다. 지명될 가능성이 높았던 게리 하트가 그의 혼외정사 증거를 찾으려던 언론에 대항하는 와중에 스스로 순식간에 폐인이 돼버렸기 때문이다. 언론은 게리 하트를 별 어려움 없이 폐인으로 만들었고, 하트는 대통령이 되려던 꿈을 저버리게 되었다. 겉으로 보기에는 누구에게나 후보 자리를 내줄 듯한 선거였지만, 클린턴은 그때가 후보로 나서야 할 시기인지 쉽게 결정을 내릴 수 없었다. 일부 소식통에 따르면 힐러리 클린턴은 클린턴의 입후보를 강력히 지지했고, 클린턴의 경력을 띄우기 위해 모든 노력을 기울였다고 한다. 힐러리는 클린턴이 대선후보에 나서지 않기로 하자 매우 실망했다. 그 이유에 대해서는 클린턴이 간통을 했다는 둥, 선거 운동이 첼시아에게 끼칠 영향을 고려할 때 아직 입후보할 시기가 아니라고 판단했다는 둥 추측이 다양했다.

힐러리는 첼시아가 클린턴이 결정을 내리기 직전 그 해 휴가 때 어디로 놀러 갈 거냐고 물어보았다고 해명했다. 클린턴이 대선 운동 때문에 휴가를 갈 수 있을지 모르겠다고 하자 첼시아는 어머니와 단 둘이 가겠다고 대답했다. 힐러리의 말에 따르면, 그때 클린턴은 후보가 되어 딸과의 여가를 희생할 준비가 되어 있지 않음을 깨달았다고 한다. 그러나 다른 전기 작가들은 클린턴이 선거를 포기하는 이유로 첼시아를 댄 것은 자존심을 살리기 위해서라고 지적한다. 클린턴의 대선 출마를 돕기 위해 친구 몇 명이 리틀 락으로 항공기를 타고 찾아온 점을 미루어 보아, 선거 운동을 그만둔 실제 이유는 과거에 바람을 폈던 일에 대한 책임감 때문이라는 것이다. 게리 하트가 과거의 혼외정사 사건으로 폐인이 되어버리는 것을 지켜본 클린턴은 자신의 과거 행적이 영향을 끼칠까 봐 두려웠다는 것이다. 1988년 빌 클린턴은 후보로 나서지 않았지만 마이클 두카키스를 민주당 대선후보로 소개하고자 미국 텔레비전의 중요한 프로그램에 모습을 드러냈다. 당시 클린턴의 연설은 너무나 길었기에 그 프로그램에 참여했던 대표자들은 클린턴이 '결론적으로'라는 말을 했을 때 환호성을 질렀다고 한다.

클린턴의
대통령 출마 포기

클린턴과 힐러리의 관계에는 여러 가지 난제들이 많았지만 이들이 서로의 장점과 단점을 보완해 주는 상생 관계에 있었음은 의심할 여지가 없다. 힐러리는 독립적인 존재로 사회 경력을 쌓고 정체성을 형성할 수 있도록 뚜렷한 가르침을 받으며 성장했다. 하지만 결국 남편의 장래를 보장하기 위해 개인적인 야망의 상당 부분을 희생하였다. 힐러리가 클린턴의 곁에서 일했을 때 그의 사회적 위상은 더 높아졌고, 그로 인해 힐러리가 떠나자 클린턴은 당황했다. 친구들은 클린턴 부부가 완벽한 관계를 유지하지는 못했지만 서로를 함께 묶어 주는 강한 유대관계를 통해 유능한 팀으로 일하는 데 만족했다고 전한다.

빌 클린턴이 출마를 포기한 바로 직후의 시기는 힐러리가 정치적으로나 개인적으로나 남편 곁을 떠나 있던 시기였다. 일부 전기 작가들은 그 시기 동안 힐러리가 남편과의 이혼을 심각하게 고려했다고 추측하고 있다. 그러나 1990년 무렵 힐러리는 클린턴 곁에 남기로 결정하고 대통령이 되어야겠다는 클린턴의 목적에 편승하여 그 꿈을 함께 추구하였다. 그리고 클린턴은 1992년에 대통령에 당선된다.

　1990년 빌 클린턴은 두 번째로 주지사 자리를 두고 공화당의 도전을 받게 된다. 전 민주당원인 셰필드 넬슨이 지저분한 부정부패와 간통으로 부정 선거를 저지른 후였다. 클린턴은 주지사 선거에서 최종 득표율이 57%에 달함으로써 확고한 지지율을 드러냈으나, 중앙 선거에서는 무엇을 기대할 수 있을지 알 수 없는 상황이었다. 넬슨의 선거 운동 전략으로 인해 클린턴의 중앙 선거가 쉽지 않을 거라는 현실과 마주쳤기 때문이다. 넬슨은 해고되었던 전 주 정부 직원인 래리 니콜스을 이용하여 클린턴이 다섯 명의 여성과 간통을 저질렀다고 거짓 소문을 퍼뜨렸다. 그 여성 중 한 명이 지니퍼 플라워스였다. 그녀는 이후 1992년 선거 기간에 간통 문제로 클린턴을 공개적으로 고소하였다. 당시 조작된 알리바이는 증거가 부족해 신문에 기사화되지 않았지만 이 고소로 인해 클린턴의 정치적 평판은 크게 훼손되었다.
　클린턴이 1990년 선거에서 승리한 것은 중요하다. 왜냐하면 그는 대선 기간 동안 자신의 직위를 장점으로 유지하기 위해 주지사로 머물러 있어야 했기 때문이다. 클린턴은 아내를 곁에 두고 주지사로 재선출 된 바로 직후 대통령직 도전을 위한 기반을 쌓기 시작했다.

1992년 선거 운동은 그 기간이 너무 길었고 클린턴에게 있어 때로는 매우 어려운 시기였다. 하지만 클린턴 부부는 결국 우세한 입지를 다지게 되고 힐러리는 마침내 아칸소 주를 떠나 남편과 함께 워싱턴 시로 돌아오게 된다.

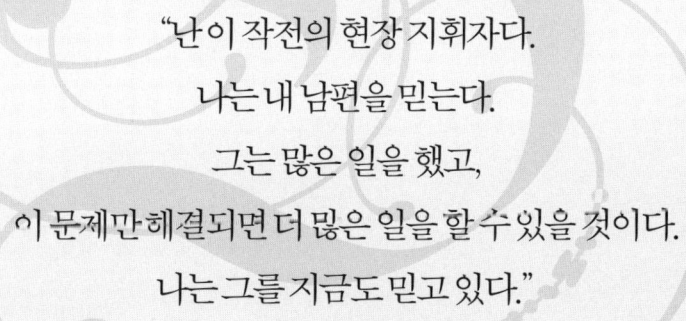

"난 이 작전의 현장 지휘자다.
나는 내 남편을 믿는다.
그는 많은 일을 했고,
이 문제만 해결되면 더 많은 일을 할 수 있을 것이다.
나는 그를 지금도 믿고 있다."

힐러리 클린턴

1992년 선거 운동

힐러리 클린턴은 1992년 아칸소 주의 선거를 통해 정치인 가족의 삶에 대해 알아가기 시작했다. 그리고 남편이 1992년 대선에 입후보하면서 정치인 가족으로서의 삶이 어떤 것인지 완전히 익히게 되었다. 힐러리는 스스로도 아칸소 주지사 후보의 아내로서 다수의 아칸소 주 사람들의 성향에 맞지 않는 태도를 보이고 있다고 스스로 느꼈는데, 특히 남편의 성을 따르지 않기로 초기에 결정한 일 등이 그러했다. 그 후 힐러리는 대통령 후보의 아내로서 자신이 하는 거의 모든 행동이 여러 단체들의 비위를 거스르고 여러 차례 검토 대상이 되어 비난을 받으리라는 사실을 알았다. 클린턴이 대선에 출마한 순간부터 오늘날까지 힐러리가 아내로서 한 역할은 혁신적이었으며 꾸준히 주목을 받아 왔다.

대선에 출마하는 방법은 두 가지가 있었다.

첫 번째 방법은 후보자가 소속 정당에 의해 후보로 지명되어 투표용지에 이름을 싣는 방법이다.

두 번째 방법은 후보자가 50개 주 투표용지에 명단을 올리는 것이다. 오랜 기간을 민주당에 헌신했던 클린턴은 1992년 민주당으로부터 후보 지명을 받는 방법을 택하였다. 사상적으로 클린턴 부부는 온건주의 성향을 보였다. 힐러리는 언제나 제도의 틀 안에서 변화를 추구하는 것이 최선의 방안이라는 생각했다. 빌 클린턴은 힐러리와 같은 방식으로 일했으나 개인적으로는 보다 중도주의적 경향을 보였다. 클린턴 부부는 이념에 있어 좌파 성향으로 크게 치우치지 않았다. 이들이 보기에 좌파는 우파의 의견과 타협이 불가능하다고 여겼기 때문이다. 1980년대 동안 클린턴은 '지도자 회의'의 일원이었으며 이후 이 회의의 회장이 되어 일하면서 중도파 민주당원들을 공개적으로 지지하였다. 클린턴이 지지했던 이들 중도파 민주당원들은 공직을 얻기 위해서 일반 미국인들에게 이익을 주는 온건 정책을 취해야 한다고 생각했다.

클린턴 부부는 아칸소의 정치 지도자로서 민주주의에 보다 학문적인 접근 방법을 취하는 것처럼 보였고, 중도주의자들의 지지를 끌어낼 수 있는 힘은 물론 타협 방안을 찾아낼 수 있는 힘이 존재한다고 생각했다. 이러한 철학에 맞추어 클린턴 부부는 1992년 민주당 대선후보 지명 선거 운동을 시작했다. 이들 부부는 당시 정치 논쟁의 선두에 서서 중도주의 정책으로 입장을 일관시키고 있었다.

빌 클린턴
대선후보 선거 운동

1992년 민주당의 텃밭에는 후보들이 가득했다. 빌 클린턴이 마주하게 된 주요 경쟁자는 세 명의 현직 상원의원으로 봅 케리, 톰 하킨, 폴 송가스였다. 당시 재선을 추진했던 현직 대통령은 공화당의 조지 부시였다. 부시는 닉슨 연설문 작성자였다가 이후에 텔레비전 기자로 전향한 패트릭 부차난이 설립한 우파 정당을 위해 경합을 벌였다. 양쪽 당은 또한 억만장자 로스 페로과 정면 대결을 했는데, 그는 자신의 자금을 이용하여 대통령직을 얻기 위해 제3당 후보로 경쟁에 임했다.

양쪽 당의 지명 시기 동안 진행되는 가장 중요한 행사는 아이오와 전당 대회와 뉴햄프셔 예비 선거였다. 이 대회의 승자들은 자신들이 지구력을 지니고 있고 미국의 다른 주에 있는 유권자들에게 적법하게 보이며, 정치학자들이 정치적 동력이라고 언급하는 것들을 끌어모으고 있음을 증명해 보였다. 대선후보 지명 기간 중의 정치적 동력이란 많은 선거 운동의 자금 조달, 공식적인 합법성, 그리고 미 전당 대회에 보다 많은 대리인을 적극적으로 파견하는 것이다. 이 정치적 동력은 선거 초기에 집중적인 선전과 함께 시작된다.

클린턴 부부는 지명 시기 중, 최초로 열린 아이오와 전당 대회에서 하킨 상원의원이 쉽게 성공하리라고 짐작하여 맞췄다. 클린턴은 개인적으로 유권자들과 접촉하면서 많은 시간을 보냈고, 그 결과 뉴햄프셔에서 송가스 다음으로 확고한 입지를 굳혔다.

뉴햄프셔에서 거둔 결과는 중요했다. 민주당원이자 뉴잉글랜드 사람인 송가스는 재정적으로 보수주의자였는데 뉴햄프셔에서 압도적인 인기를 끌어 모았다. 그러나 빌 클린턴의 매력, 적절한 비전을 제시하는 선거 운동, 온건주의적 메시지는 그를 개인적으로 알고 지내던 뉴햄프셔 유권자들로부터 호감을 받았다. 송가스가 1992년 3월 선거에서 탈락하자, 많은 사람들의 시선이 그 다음으로 가장 많은 대리인을 이끌던 빌 클린턴에게로 쏠렸다. 빌 클린턴이 본선에서 이길 수 있을지에 대해 당시 언론에서는 많은 추측을 내놓았다. 그러한 추측은 4월이 되어 빌 클린턴이 지명을 받게 되리라는 사실이 분명해질 때까지 점점 확실성을 얻어 갔다. 클린턴 부부는 피곤을 무릅쓰고 선거 운동에 전념함으로써 선거에서 반드시 이기리라는 인상을 확실히 심어 주었다.

선거 도중 클린턴 부부에게 닥쳤던 가장 큰 어려움 중 하나는 그들의 결혼생활과 클린턴이 다른 여성들과 일으킨 스캔들이었다. 실제로 일부 사람들은 빌 클린턴이 간통을 하여 1988년 선거 운동에서 탈락했다고 추측했다. 하지만 대부분 아칸소 언론은 그의 사생활에 대해 거의 언급하지 않는 분위기였다. 수많은 사람들이 빌 클린턴이 법무부 장관 그리고 주지사 재직 시절 바람을 폈던 사실을 알고 있었지만, 아칸소 주 사람들에게는 그리 상관할 바가 아니라고 여겼던 것이다. 그러나 이는 대선의 경우에는 해당되지 않았다. 그 이유는 몇 가지 변화 요인들을 고려할 때 이해된다.

1. 언론은 '베트남 전쟁' 및 '워터게이트' 사건 전에는 감히 후보자의 사생활을 다루지 못하였다. 그러나 이 두 사건을 계기로 대중들은 거짓말을 하는 정부 관리들에게 배신감을 느끼게 되었고, 언론과 공직 관리인들 간에는 대립 관계가 형성되었다.

2. 24시간 방송하는 CNN 등 케이블 뉴스가 등장함에 따라 뉴스
전달 체계가 워터게이트와 1992년 대선 사이에 바뀌게 되었
다. 방송 프로그램이 늘어나면서 케이블 방송은 보다 많은 이
야기들을 찾게 되었고, 보도 형식도 오락의 형태가 되어갔다.
이는 후보자의 사생활에 관하여 더 많은 이야기를 방영해야
함을 의미했다.

3. AM 토크 라디오의 인기가 높아지면서 후보자들은 이념적으
로 한 쪽에 치우친 방송국이 아니라 따로 연설을 할 장소를 제
공받게 되었다. 이 프로그램은 지지를 받지 못하는 후보자들
의 개인적인 생활을 면밀히 검토하는 시간이 되었다. 신문 및
뉴스 같은 전통적이었던 매체조차 이윤을 추구하는 사업 구조
속에서 기존 방식에서 벗어나, 후보자의 사적인 잘못 등을 정
규 방송에서 내 보냈다.

4. 1988년 선거 이후 사생활 보호 영역이 감소되면서 클린턴 부
부는 게리 하트의 자만심이 초래한 결과로 인해 다소 곤란한
지경에 이르렀다. 하트가 외도의 증거를 추적하던 언론에 도
전하면서 당시 모든 방송국 직원들이 하트 뒤를 추적하여 애
인과 접촉하는 장면을 찍은 것이다. 국내 텔레비전을 통해 그

장면은 방영되었고, 이후 후보자들은 사생활 보호 영역이 줄어들고 있음을 알게 되었다.

어떤 이는 빌 클린턴이 대중들에게 자신의 사생활을 노출하여 추측하도록 의도했다고 주장했다. 실제로 클린턴은 후보자의 입장에서 매우 개인적인 질문이 들어와도 몇 번이고 그 질문에 대답하는 경향이 있었다. 대체로 질문들은 클린턴이 복서 옷을 입고 있었는지, 변호사 옷을 입고 있는지에 대한 것이었다. 이런 사소한 질문에 대답함으로써 클린턴은 개인적인 질문에 답하는 문제를 합법화했으며, 개인적인 영역과 공적인 영역 간의 경계를 모호하게 만들었다. 곧잘 클린턴은 사람들에게 자신을 '함께 맥주를 마시고 싶은' 보통 사람이라고 소개하면서 보잘것없는 출신과 개인적 경험을 내세웠다. 또한 색소폰을 기가 막히게 잘 불어 유명해졌던 시기에 '오프라윈프리 쇼'와 아시노 쇼의 '레이트 나잇 쇼' 등에 출연하였으며, 갈수록 인기를 더해 가면서 교육 오락 프로그램에 참여하기도 했다.

이러한 대중적인 어필로 인해 클린턴의 사생활은 대중의 호기심을 자극했고, 이는 빌 클린턴이 1992년 대통령 후보로 출마하는 데도 큰 도움이 되었다. 사람들이 다가가기에 격이 없고 호감이 가는 스타일로 그 당시 대통령과 매우 큰 차이를 보였다.

부시 대통령은 MTV에 출연했을 때 자세가 뻣뻣하고 불편한 기색을 보였다. 또 공공장소에서 언론 행사를 열 때에도 그 행사에 대해 잘 모르는 것처럼 보였다. 그 중 가장 잘 알려진 예는 그가 슈퍼마켓에 들러 계산대에서 사용되는 '참신한' 스캐너 기술에 대해 장시간 이야기를 늘어놓은 사건이다. 부시의 그러한 열의는 역효과를 냈는데 왜냐하면 그 기술은 이미 수년 전부터 그 슈퍼에서 사용되어 왔기 때문이다. 그런데도 부시가 그 기술을 따로 설명했기에 일반인들의 생활에 어두운 듯한 인상을 심어 주었다.

1992년 후보 지명 선거 초반에 제니퍼 플라워스는 기자 간담회를 열어 빌 클린턴 후보와 오랜 기간 연인 관계를 지속해 왔다고 밝혔다. 호텔 가수이며 전 주 정부 직원인 제니퍼 플라워스는 자신의 연애담 및 성관계에 대해 말하면서 클린턴 주지사가 자신의 전화 자동 응답기에 남긴 것으로 짐작되는 메시지를 오디오 테이프에 담아 인터뷰에서 들려주었다. 이 이야기는 타블로이드판에 기사가 나가면서 주목을 끌기 시작했는데, 순식간에 보다 인지도가 높은 언론지에 기사가 나가면서 선거 운동 중 가장 큰 문제점이 되었다.

클린턴과 그의 대리인들은 정치와 공공 정책을 주제로 얘기하고 싶어 했지만, 그들에게 던져지는 유일한 질문은 제니퍼 플라워스에 관한 것이었다. 빌 클린턴은 그 화제를 피하며 아무 일도 없던 것처럼 행동하고 싶어 했지만, 힐러리는 그 문제에 정면으로 대응하기를 원했다. 그러나 막상 주요 언론들이 그 사건을 취재하자 힐러리는 결국 그 문제에서 손을 떼고 말았다.

클린턴 부부는 '슈퍼볼' 이후에 방영되는 '식스티 미닛츠'에 출현했다. '식스티 미닛츠'는 엄청난 수의 시청자를 확보하고 있었고, 그 프로그램에서 클린턴 부부는 그들의 관계가 어떤 상태인지 질문을 받았다. 힐러리는 그 질문이 있기 전에 긴장하여 두려워했으나, 곧 강인한 모습으로 클린턴이 말을 할 때 시선을 고정하고, 때때로 팔을 클린턴의 허리를 두르기도 했다.

인터뷰 도중 빌 클린턴은 결혼 생활에 문제를 일으킨 사실을 시인했으나 결혼 생활은 견고하며 자신과 아내는 언제나 유대관계를 돈독히 하기 위해 노력한다고 말했다. 클린턴의 대답은 자신이 수차례 저지른 부정을 인정한 셈이 되었으며, 그렇지 않다고 해도 최소한 한 번의 부정은 시인한 셈이 되었다. 힐러리가 인터뷰 중 한 말이 미국 전역에 재방송되었는데, 그녀는 특유의 남부 억양으로 다음과 같이 말했다.

"여기에 앉아 있는 사람은 제가 아닙니다. 한 왜소한 여자가 남편 곁에 서 있는 거죠. 마치 태미위넷의 노래 가사처럼 말입니다. 나는 남편을 사랑하고 남편이 경험해 온 일과 우리가 함께 겪은 일들을 높이 평가하기 때문에 이 자리에 나왔습니다. 만일 이 이유가 당신에게 설득력이 없다면, 남편에게 투표하지 마십시오."

힐러리의 이 유명한 말은 곧 반향을 일으켜 태미위넷은 공식적으로 불만을 토로했고, 마침내 힐러리는 태미위넷의 노래를 폄하한 사실에 대해 사과를 했다.

또한 힐러리는 다른 언론 매체에 대해서도 선제 공세를 폈다. 1992년 5월호《배니티 훼어》지에 힐러리에 대한 기사가 대서특필되었는데, 그 기사에 따르면 그녀는 남편의 행위가 대수롭지 않은 일이라고 말하며 조지 부시도 간통을 저질렀다고 말했다는 것이다.

힐러리는 이후에 부시 부부에게 공식적으로 사과를 하면서, "실수였습니다. 제가 그런 대답을 하게 된 것은 사람들이 끊임없이 질문을 했기 때문입니다. 그러나 이 소문으로 인해 내가 받는 고통에 대하여, 나보다 더 잘 아는 사람은 없을 겁니다"라고 말했다. 힐러리의 사과는 쉽게 수락되었다. 그녀는 감정적으로 불편한 주제를 끄집어낸 것에 대해서 사과했으나 쏟아지는 비난은 피하지 않았다.

정치 분석가들은 힐러리가 자신들의 사생활처럼 대통령의 사생활도 검토되어야 한다는 신호를 부시 측에 보냄으로써, 남편의 부정에 대한 사람들의 추측을 한 번에 무력하게 만들었다고 분석한다. 그녀는 남편의 선거 운동을 옹호함으로써 클린턴 후보에게는 친근하고 성정이 온화하며 개방적인 사람이라는 이미지를 준 반면, 힐러리 자신은 냉철하고 차갑다는 평을 듣게 되었다.

클린턴은 한편으로 플라워스의 테이프가 불신을 받게끔 온갖 노력을 다했다. 오디오 품질이 형편없고 테이프가 조작되었다는 주장도 나왔다. 또한 플라워스가 언론으로부터 관심을 받는 일을 즐거워했기에 세인들의 관심을 끌기 위해 스스로 이야기를 지어내거나, 아니면 정치적 정적이 플라워스에게 존재를 드러내는 대신에 보상해 주었다는 등의 소문과 추측이 난무했다.

빌 클린턴이 얼마나 많은 정부를 두었는지 아는 사람을 없겠지만, 적어도 제니퍼 플라워스가 클린턴과 간통을 한 유일한 대상은 아니었다. 어찌 되었든 클린턴은 아내와 함께 '식스티 미닛트'에 출현하여 간통에 대한 질문에 답함으로써 선거 운동을 계속 유지할 수 있었고, 뉴햄프셔 예비 선거에서는 2위를 차지하였다. 클린턴은 1988년에 마이클 듀카키스를 소개하여 불행을 자초했다가 그 일을 무사히 넘겼고, 또 개인적인 스캔들 이후에 선거에서 표를 얻어냄으로써 '불멸의 사나이'라는 별칭을 얻었다.

클린턴 부부는 그들을 위해 집회를 연 수많은 친구들과 가족들 덕분에, 정서적으로 타격을 입은 시기에도 용기를 얻을 수 있었다. 어떤 이들은 심지어 선거 운동 현장으로 찾아가 그러한 재난이 또다시 일어나지 않도록 확인하기도 했다. 그런가 하면 힐러리의 친구들 중 한 커플인 수잔 토마스 부부는 직접 클린턴의 일정을 짜주었고, 또 다른 친구인 브루커 시어러는 힐러리와 함께 1992년 9월 한 달을 대로변에서 보내며 선거 운동을 돕기도 했다. 이들에 대하여 텔레비전 프로듀서 린다 블러드워스-토마슨은, 정당한 전쟁에서 싸우기 위해 군에 입대하는 것과 유사하다고 설명했다.

힐러리의 역할에
관한 논쟁들

클린턴 부부는 미국 국민들에게 자신들이 일종의 패키지와 같음을 분명히 밝혔다. 미국 국민들은 장래 영부인감으로 화려한 경력을 지닌 여성이 정책 옹호를 하는 걸 한 번도 본 적이 없었다. 힐러리의 이러한 새 역할은 국민과 언론 모두에게 실망을 안겨다 주었다.

힐러리가 쓰는 말과 취하는 행동은 곧잘 언론에 의하여 면밀히 관찰되었다. 힐러리와 클린턴은 조금이라도 애매한 문구를 사용하면 그 문구를 언론이 꼬집어 내는 경향이 있음을 파악했다.

한 선거 유세장에서 빌 클린턴은 아내인 힐러리가 아동 문제에 대해 전문지식을 갖고 있다고 강조하면서, 자신에게 투표한다면 국민들에게 '일거양득'이 될 거라고 표현한 적이 있었다. 힐러리의 선거 운동가들 또한 '일거양득'이라는 표어를 채택했는데, 이 표어는 힐러리가 도를 넘어 대통령 권한에 부적절하게 영향을 끼친다는 비난을 받게 만들었다. 언론의 이러한 비판은 교양 오락 프로그램까지 번져서, 토크쇼 사회자는 클린턴 부부 관계에서 누가 더 상대방을 깔아뭉개고 있는지 질문하기에 이르렀다. 연예인들은 힐러리에 대해 비난을 담은 조소를 보냈고, 이 문제는 빌 클린턴이 대통령으로 재직하던 8년 동안 힐러리를 괴롭혔다.

힐러리가 영부인으로서 맡게 될 역할에 대해 보다 엄격한 감시가 따르게 된 것은 비단 힐러리의 행동 때문만이 아니었다. 두 주요 후보자의 아내인 바바라 부시와 마곳 페롯은 힐러리와 비교될 면모를 보였다. 바바라는 특히 기존의 영부인 역할에 충실한 경향이 있었다. 그녀는 남편을 위해 기꺼이 선거 운동을 하면서도 공식 정책에 대해서는 관심이 없는 듯 보였다. 부시 가족은 바바라가 부시 대통령과 함께 맡은 역할에 대해 솔직하지 못했다고 말한다. 또한 마곳 페롯은 아예 핵심적인 선거 운동에 모습을 드러내지 않았다. 페롯의 선거 운동은 후보와 후보의 정치적 안건에 상당히 많은 초점을 두고 있었다. 수많은 성공한 사업가들의 아내처럼 마곳도 자세를 낮추는 데 만족했다.

또 힐러리는 남편의 선거 운동을 하면서 직원을 채용하여 자신의 일을 보조하게 했는데 이 또한 따가운 눈총을 받았다. 그녀의 이러한 태도는 대통령 후보의 직원들이 후보 부인을 비롯하여 부하직원들의 일정 작성과 메시지 관리를 도맡아 하던 관행에서 어긋나는 것이었다. 그러나 힐러리는 남편의 모든 선거 운동에 적극적으로 관여하였고, 대선 때도 마찬가지였다.

클린턴 부부의 사이가 어떤지에 대한 관심은, 당선 이후 힐러리가 맡게 될 역할이 어떤 것인지에 대한 궁금증으로 이어졌다. 미국 국민들은 단 한 번도 정치 활동이 왕성한 영부인을 본 적이 없었다.

그나마 적극적이었던 영부인은 엘리너 루즈벨트였는데, 엘리너는 특정 사회문제에 대해 대중들의 의식을 일깨우려고 노력한 결과 언론으로부터 많은 비판을 받았다. 루즈벨트 대통령이 5개월 동안 시민방위청의 부장으로 재임하던 당시 엘리노는 정책 입안을 맡지 않았다. 이는 '대통령 정신건강 위원회'의 명예 의장으로 지명된 로살린 카터에게도 해당되는 일이었다. 미국이라는 나라는 성에 따라 역할이 다르다는 생각이 깊이 뿌리박힌 곳이기 때문이었다.

또한 전문적인 능력을 발휘하는 영부인이 행정에 관여한다면 어떤 식이든 나라에 해가 되리라는 두려움을 이용하여 정적들의 호응을 받고 있었다. 이러한 두려움은 클린턴에 대한 평판과 별개로 정치 영역 내에서 힐러리 혼자만의 평판으로부터 비롯되었다. 미국 국민들은 힐러리는 잘 몰라도 그녀의 이력서를 통해 바바라 부시나 낸시 리건과는 대조되는 다른 여성임을 어렵지 않게 알았다. 이전의 영부인들은 전통적으로 자신만의 목적을 추구할 때 입법 분야 외에서 활동했으며, 공공 정책 입안에 대해서는 전반적으로 별 관심을 보이지 않았다.

바바라가 전념한 문맹률 낮추기 운동이 그 사례였다. 그녀는 영부인으로서의 직위를 활용해 미국 전역의 문맹을 문제로 제기한 후, 대중의 의식을 일깨워 문맹을 없애고 읽고 쓰는 법을 가르쳐 주는 프로그램을 추진했다. 이와 대조적으로 힐러리는 남편의 정권 안에서 적극적인 역할을 하겠다는 뜻을 밝혔다.

힐러리는 클린턴이 아칸소 주지사로 있을 때처럼 백악관에서도 그 행태를 계속하리라는 추측이 나돌았다. 그러나 많은 유권자들과 정치 분석가들은 힐러리의 그러한 태도에 대해 불편해 했다.

결국 힐러리는 남편의 성공을 위해 자신의 야망을 억제하기 시작했다. 아마도 빌 클린턴이 1992년 대선후보로 나섰을 때처럼 뚜렷하게 힐러리의 억제 심리가 드러난 적은 없을 것이다. 정치 운동가의 아내를 그리 좋아하지 않는 대다수의 대중에게 힐러리가 피뢰침 역할을 하고 있었다.

힐러리는 집 안에서 쿠키를 구우며 살림을 하는 여성과, 사회 경력을 추구한 자신의 선택에 대해서 그다지 합리적으로 표현하지 못했다. 힐러리가 전업 주부를 폄하하려는 의도로 이야기하지 않았다 해도, 결국 그녀는 전업주부를 폄하한 꼴이 되었다.

힐러리는 선거 운동에서 한 가지 중요한 교훈을 배워야 했다. 그것은 일관성 있게 메시지를 전달하는 방법이다. 그 후 힐러리는 대본에 없는 말은 함부로 하지 않으면서 더 높은 평가를 받았다. 초반에 힐러리는 클린턴 정부에서 영향력 있는 역할을 하게 되리라고 추정됐지만, 부하직원으로 등장하면서부터는 자신의 역할을 최대한 줄여나갔다.

언론의 감시와
힐러리의 활동　　　　　지금까지의 이 모든 난관들이 힐러리
　　　　　　　　　　를 무너뜨리기에 턱없이 부족했다고
여긴다면, 그녀의 출현과 관련하여 현재 진행 중인 논쟁에 대해
생각해 보자.

　힐러리는 선거 운동에 참여한 일과, 특히 외모에 대해 무관심
했던 일로 인해 아칸소 주민들로부터 비웃음을 샀다. 그녀는 아
칸소에서 공인으로 생활하기 위해 변신을 했음에도 불구하고,
국민들의 관심이 집중되면서 고전을 면치 못했다. 이 시기에 힐
러리는 머리 모양을 계속 바꾼다며 조롱을 받았다.

　힐러리는 외모에 신경 쓰기 시작한 이유로 외모에 흥미를 느꼈
기 때문이라고 주장했지만, 언론은 그녀가 어떻게 변신해 가는지
계속해서 물고 늘어졌다. 그녀가 머리띠를 하고 나와도 사람들이
더는 인정해 주지 않았기 때문에 자신에게 어울리는 스타일을 찾
기 위해 다양한 탈바꿈을 해야 했다. 힐러리의 외모, 의상, 말씨
등에 대해 계속 논란이 빚어지면서, 대선에 입후보한 일이 작은
남부 주지사 선거에 출마한 일보다 어려운 일임이 확연해졌다.

　힐러리와 언론은 별로 중요하지 않은 일에서도, 좋게는 긴장
감 속에서 싸우거나 최악으로서는 적대감까지 맴돌게 되었다.
그와 더불어 힐러리가 언론을 불신하게 된 이유는, 언론이 빌 클

린턴의 간통에 대해서만 초점을 맞췄기 때문이다. 힐러리는 언론이 그러한 문제를 다룰 때 언론과 대립하는 것이 적절하지 않다고 느꼈다.

힐러리는 백악관에서 영부인으로 생활하는 동안에도 언론에 대해 잠시라도 적대적인 느낌을 갖지 않을 때가 없었다. 그리고 불행히도 이러한 적대감으로 인해 여러 가지 스캔들과 마주쳤을 때 적절치 못한 결정을 하게 된다. 힐러리가 언론과의 관계를 악화시키지 않았다면, '화이트워터' 등 여러 가지 사건에 대해 의문이 제기되었을 때 잘못 판단하지는 않았을 것이다. 그녀는 자신에 대해 공정한 보도를 내보내지 않는다고 언론을 불신하면서 타고난 성격대로 제재를 취했으나, 이는 언론과의 불편한 관계를 악화시킬 뿐이었다. 힐러리는 언론의 질문에 답을 해 주었으나 스스로 자신에 대해서 밝히지는 않았다.

빌 클린턴이 러닝메이트로 앨 고어를 선택한 이유는 남부 유권자들에게 표를 더 얻기 위함은 물론 선거 운동에 있어 기존의 진지했던 분위기를 형성하려는 시도였다. 테네시 주 출신 상원의원이자 베트남 전쟁 재향 군인이었던 고어는 지적으로 우수하였으며, 정책에 대해 중도파 접근 방식을 취했을 뿐 아니라 장기 정책 토론에도 관심을 보였다. 티퍼 고어는 상원의원의 아내라는 역할을 바탕으로 아동을 보호하기 위해 음반과 음악 비디오에 경고 문구를 붙이자는 운동을 지지했다. 클린턴 부부와 고어 부부는 강한 유대감으로 정치 4인조를 형성했고, 두 아내는 선거 유세장에 자주 함께 모습을 드러냈다. 두 아내가 후보들과 따로 등장하든 아니면 후보들과 함께 등장하든 이 두 후보의 이미지는 미국 유권자들에게 젊고 생기 있는 메시지를 전달했고, 그 이후 여론조사에서도 이들이 긍정적인 이미지를 전달하고 있음이 밝혀졌다.

클린턴 부부의 생활은 선거 운동 기간에 상당히 엄격한 심사를 받았다. 공화당 전당 대회에서 대변인들은 힐러리가 결혼을 노예생활에 비유하며 미국 가정이 무너지기를 원하는 극단적인 페미니스트임을 알리는 데 전력을 다했다. 클린턴 후보는 여자를 밝히고 아내에게 지나치게 눌리는 병역 기피자이자 건방진 사내로 묘사되었다. 그러나 클린턴 부부는 이러한 공격을 받으면서도 꿋꿋하게 견뎌냈다. 모든 공격에 맞받아 쳤으며 언제나 웃음을 잃지 않으려고 애썼고, 공통 관심사가 된 정책 문제에 초점을 맞춰 그 문제에 대해 논쟁을 계속해 나갔다.

클린턴 부부는 그들이 안정된 결혼 생활을 하고 있음을 보여주기 위해 몇 명의 신뢰가 가는 조언자들에게 의존했다. 선거 운동의 정치 보좌역을 맡았던 제임스 칼빌이 메모를 적어 책상 근처에 둔 일화는 유명하다.

변화를 추구할 것인가 아니면 현상유지를 추구할 것인가.
경기 부양, 어리석은 일.
건강보험 문제는 반드시 해결해야 한다.

연설과 기자회견 대본을 검토해 보아라. 그러면 클린턴 후보와
고어가 핵심적인 문제에서 벗어나지 않은 채 메시지를 전달하고,
선거 운동이 정책 문제 중심으로 이루어지도록 부단히 노력했음
을 알 수 있다.

선거 운동에서 나타났던 긍정적인 요인들에도 불구하고 힐러
리는 언론에게 꾸준히 감시받으며, 도를 넘게 활동하는 것처럼
보일 때면 바로 공격을 받았다. 그녀는 남편에게 해가 되지 않는
자신만의 목소리를 찾기 위해 분투했다. 이는 빌 클린턴이 대통
령으로 재직하는 동안에도 힐러리가 싸웠던 투쟁이었다. 힐러
리는 클린턴 정부 시절에 건강보험를 개혁하기 위한 적극적인
정책 입안자에서, 남편 곁에 서 있는 아내의 역할로 변모하게 된
다. 이같이 주변과 적절히 조화를 이루는 태도를 취하는 일은 힐
러리에게 결코 쉽지 않았다. 그녀는 빌 클린턴이 백악관을 떠난

이후에야 비로소 자제할 필요가 없는 자신만의 야망을 마침내 깨달게 되었다.

그렇다면 힐러리는 실제로 남편의 선거에 어떤 영향을 끼쳤을까?

분명한 사실은 클린턴이 선거에서 이겼으며, 힐러리는 그 승리를 이끄는 데 있어 큰 영향을 주었다는 것이다. 그녀는 남편이 선거 운동을 하는데 있어 중요한 역할을 했고, 조언해 주었으며 전략을 짜냈다. 언론에서 비난을 퍼부어 댔지만 힐러리는 그러한 비난에도 굴하지 않는 선거 운동가였으며, 후보자 아내들이 통상적으로 맡던 기존 역할들에도 순순히 임했다. 힐러리의 이러한 노력이 없었다면 간통에 대한 의심으로 인해 빌 클린턴은 대통령으로 당선되지 못했을 것이다. 대선 운동 중 마지막 기간에는 클린턴 부부와 고어 부부는 버스를 타고 다니며 전국을 순회했다.

버스 순회가 좋은 결과를 보여준 것은 그들 부부가 대중에게 친근해 보이고, 지적이며 젊어 보이는 이미지에 성공했기 때문이었다. 이 순회 여행의 목적은 부시 대통령과 대조되는 인상을 심어주기 위한 것이었다. 당시 부시 대통령은 보수적이고, 나이가 많으며, 대중들과는 동떨어진 차원의 생활을 하는 것처럼 보였다. 부시 대통령은 국민들에게 비쳐지는 모습을 위해 이미지

개선에 아무런 신경을 쓰지 않아 가끔 곤경에 처하기도 했다.

각 버스 정거장에서 선거 운동을 펼치는 클린턴 부부와 고어 부부는 눈을 반짝이면서 쾌활한 모습을 보여, 언제라도 정책에 대해서는 논쟁을 펼칠 준비가 되어 있는 후보자로 보였다. 클린턴 부부는 매번 명료한 발음으로 능숙한 언쟁을 펼쳤으며, 대통령 후보의 이러한 열정에 반감을 갖는 이는 거의 없었다.

마침내 클린턴은 유권자의 43%라는 최다 득표수로 선거에서 압승했다. 부시는 38%를 얻었으며, 가족이 박해를 받았다는 이상한 소문과 함께 여름에 후보직에서 탈퇴했던 페롯은 19%를 얻는 데 그쳤다. 유권자들은 빌 클린턴에게 호의를 보였으며 힐러리는 투표 결과로 강인한 정치가 아내는 남편에게 성공을 가져다 준다는 사실을 보여 주었다.

그러나 클린턴 부부는 미국 시민들의 영부인의 공식 역할을 흔쾌히 수락했다는 잘못된 생각을 함으로써, 백악관에 들어간 후 2년간 고통을 겪어야 했다.

"당신의 스타일은 주변 사람들에게
매우 중요한 메시지가 된다.
당신이 누구이며 어떤 사람인지,
더불어 당신이 세계에 대해 가지고 있는
희망과 꿈도 말해 주기 때문이다."

힐러리 클린턴

첫 번째 임기

　클린턴과 힐러리는 백악관으로 입성하자 자신들이 내세웠던 사상 때문에 선거에서 이겼으며, 이러한 사상을 즉시 실행에 옮길 수 있을 거라는 이상적인 기대를 품고 있었다. 오랫동안 수행해 왔던 업무에 따라, 클린턴 부부는 그들의 의사에 대해 개별적으로 도움을 줄 협력 체제를 보완하기 위해 정책 중심 협력체계를 구축하려 했다. 그리하여 대통령 내각을 구성하고 백악관 직원을 지명하기 위해, 신뢰받는 소수의 조언자로 구성된 그룹을 공직에 임명했다. 그들은 자신들이 수립하는 계획의 중요성을 알기에 정책을 선정할 때 매우 신중하게 행동했다.

민주당이 백악관에 들어선 지 12년이 되면서 카터 행정부 출신의 주요 직원들은 나이를 먹어가고 있었다. 또한 카터 대통령의 두 번째 대선 패배로 인사 담당자들은 대체로 카터 수하에 있던 사람 중 1980년 이래 탁월한 능력을 발휘하지 못했던 자들은 인정하지 않으려는 경향이 있었다.

또 그들 자체가 젊고 대체로 엘리트층에 속하지 않은 채 백악관까지 진출한 사람들이었기에, 워싱턴에서 일했던 경험보다는 젊음과 이상주의를 선호했다. 상황이 이러하니 클린턴 내각으로 워싱턴에서 정책 결정을 한 경험이 거의 없는 직원들이 선정된 것은 당연한 결과였다. 백악관 직원들의 이러한 미숙함은 클린턴 부부가 재임한 이후 첫 1년이 끝날 무렵까지 이들 부부에게 괴로움을 안겨 주는 부메랑이 되어 돌아 왔다.

힐러리의 적극적인 활동과 평가

힐러리에게는 백악관 인원 구성 시, 백악관 서관과 관련 직원이 할당되었다. 사람들은 더불어 힐러리에게 국내 정책 고문직을 맡기려 했지만 그녀 스스로 직함이 없는 역할을 맡아야만 국민들이 받는 위화감이 감소되리라고 최종 판단했다. 베르논 조르단이라는 직원은 그러한 결정에 대해, 선거 운동 때 나타났던 힐러리에 대한 저항감이 다시 살아날지 몰라 두렵다며 그 계획에 반대의 뜻을 전했다.

1993년까지만 해도 영부인이 서관에서 근무했거나 영부인과 함께 서관에서 일했던 직원은 한 명도 없었다. 힐러리의 직원 책임자였던 마가렛 윌리엄스는 대통령 조수로도 함께 일할 예정이었는데, 이러한 이중 역할은 백악관에서는 전례가 없던 일이었다. 윌리엄스의 임명은 정책 문제에 대해 대통령과 영부인 수하 직원 간에 직통 대화 망이 형성됨을 의미했다. 대통령직 분석가들 중에는 힐러리를 대통령의 주요 고문이라고 부르는 분석가들도 있었으며, 심지어는 보건복지서비스 장관이었던 도나 샤랄라와 내무정책 수석자문관이었던 캐롤 로스코가 적어도 초반에 몇 가지 문제에 대해 힐러리에게 보고했다는 문서 기록도 남아 있다.

백악관의 업무 절차와 직원 채용이 힐러리의 생각을 바탕으로 정해졌다고 비판받기는 했지만, 이러한 파격적인 변화에 대한 힐러리의 생각이 모두 보수적이거나 잘못된 것은 아니었다. 힐러리가 결실을 맺었던 제안 중 하나는, 선거 운동 스타일의 '전쟁 상황실'을 마련하여 대통령에게 특히 중요한 정책안을 다루자는 의견이었다. 클린턴 부부는 체계적인 구조 속에서 제안된 정책을 직접 처리하고자 했다. 이는 선거 운동에서처럼 "되풀이

되는 이슈라면 비난에 대해서라도 모두 답변해 준다"는 의견이었다. 이 의견은 많은 정책 활동에서 능률을 높여 주었으나, 입법화하려는 시도에서 의회에 의해 방해받았다. 뿐만 아니라 계획 수립도 지연되었기에 절실히 요구되던 건강보험계획안 추진에는 도움이 되지 못했다.

여러 가지 방식으로 클린턴 정부는 과거 행정부와 차별화를 이루고 있었다. 그것은 임기 초반 앨 고어 부대통령에게 이전의 역할 보다 더 중요한 역할을 맡기고자 한 것이다. 부대통령의 이 새로운 역할은 실제 행정 능력과 대통령 당선자에 의한 러닝메이트 선거에서 한 조가 된 입후보자 가운데 하위 후보자를 일컫는 용어—옮긴이 평가를 바탕으로 부여됐다. 그러나 부대통령조차 영부인에 비해 고위급 보조자들 수가 적었다. 이는 백악관 주인이 바뀜과 동시에 힐러리의 상대적인 권력이 어떠했는지 보여 주는 중요한 상징이었다.

첫 번째 임기 중 힐러리는 새 행정부가 앞으로 취하게 될 정책 방향을 제시하기 위한 노력의 일환으로 1월에 대통령 캠프 데이비드 별장에서 기조연설을 했다. 힐러리는 기조연설에서 주장하기를 첫 연도에 전체 안건을 처리하지 못한다면 선거 운동 때 제시했던 공약을 이행하지 못하게 될 거라고 말했다. 그러면서 클린턴 정부가 추진해야 할 대대적인 국내 정책 계획을 뚜렷이 밝혔다. 힐러리는 여타 정책 수립 분야에서 활발히 활동했으며 결국 그 활동으로 인해 클린턴 정부 분석가들은 힐러리가 영부인이라기보다는 수석 직원에 더 가깝게 행동한다고 비난했다.

정치학자들은 1988년에서 1992년 동안 영부인으로 있었던 바바라와 힐러리가 뚜렷한 대조를 이루었기에, 영부인들의 역할과 대중의 반응을 파악하기 위한 연구에 관심을 갖게 되었다. 오랫동안 영부인들은 남편을 위한 부하직원으로 일하였으나, 힐러리는 이전의 영부인들이 활동했던 영역을 벗어나고 있었다.

정치학자인 티엔, 케치오, 밀러는 영부인들이 각각 맡았던 세 가지 다른 역할이 무엇인지 연구했다. 첫 번째로 안주인 역할이 있는데 이는 영부인 직책을 가장 전통적인 면에서 바라본 것이다. 이 전형적인 활동에는 영부인 낸시 리건이 있었는데, 백악관에 자금을 조달하기 위해 했던 활동처럼 의례적인 역할이 포함된다.

그러나 힐러리는 클린턴이 백악관에 있던 시기뿐 아니라 아칸소 주지사 시절에도 안주인 역할보다는 전문적인 직책을 선호했다. 다른 영부인들을 보면 문맹률 감소 문제나 환경 문제 등 이

른바 여성에게 적합한 대의명분을 옹호하였다. 가끔 안주인 역할을 벗어나기도 했으나 베티 포드, 로살린 카터 그리고 힐러리처럼 아예 정치인이 될 정도로 극단적인 행동을 하지는 않았다. 정치 영역에서 활동하던 영부인들은 정책에 실질적인 영향력을 행사했다.

영부인들 중에는 안주인, 대의명분 옹호자, 정치인이라는 이 세 가지 역할을 맡은 영부인도 있었으나, 대부분의 영부인들은 활동을 보다 자제하는 태도를 보였다. 최근의 영부인들 중에서 자신의 책임에 대해 가장 저 자세를 보였던 영부인은 아마도 바바라 부시일 것이다. 그리고 가장 활동 폭이 넓었던 영부인은 바로 힐러리였다. 사실 베티 포드의 경우 '남녀평등 헌법수정안'을 위해 적극적으로 로비 활동을 하고, 자신의 의견을 대통령에게 어필하기 위해 '필로우 토크pillow talk, 잠자리에서 남편에게 소곤소곤 말을 하는 말-옮긴이' 방법을 썼다고 시인하기까지 했지만 힐러리를 능가하지는 못했다.

힐러리가 영부인으로서 원했던 역할은 정책 입안 과정에 참여하는 것이었다. 언론은 영부인이었던 힐러리를 혹독하게 비난했다. 숀 패리 길레스는 연구를 통해 힐러리가 언론이 짜낸 편견에 의해 공격을 받았다고 말한다. 여론 매체를 통해서는 정치 운동가이자 전문가 입장에서 목적을 달성하려는 영부인을 이해하려는 말을 들을 수 없었다. 따라서 힐러리는 권력에 굶주린 페미니스트, 자신을 위해 무언가를 얻으려는 민주주의의 억압자로 비쳐졌다. 또한 힐러리가 패션과 미용에 관심이 없다는 사실은 편견을 형성하는데 이용하기 쉬웠다.

결론적으로 말하자면 미국 문화권에서 패션과 미용에 관심이 없는 여성은 없었다. 결국 힐러리는 자신이 무엇을 원하는지 알고 새로운 행정부에 납득이 가도록 제의하는 기술을 발휘했지만, 영부인들이 맡았던 기존 역할들에는 그다지 관심이 없었기에 강력한 비판을 받았던 것이다.

영부인들이 수행했던 역할의 범위를 살펴보면 그들이 대중에게 비춰지는 모습과 대통령의 평가에 끼치는 영향에는 관계가 있음을 알 수 있다. 공식 언론 조사에 의하면 응답자 중 절반 이상이, 영부인들이 정부 정책에 영향을 미치는 활동에 적극적일수록 적절치 못하다고 했으며, 국제적인 수행원으로서 단순한 의례적 활동 범주를 벗어나면 안 된다고 응답했다.

힐러리가 건강보험 정책에서 활동했던 경험을 볼 때 이 여론 조사 결과는 신빙성을 얻는다. 그녀가 건강보험 분야에서 대통령 위원회 의장으로 지명되자 거의 모든 이들이 비난을 했다. 대통령이 신뢰하는 조언자를 수석정책개발 위원으로 임명하는 일은 통상적이지만, 그 직책을 영부인이 맡기에는 부적절하다는 게 일반적인 의견이었다. 그러나 클린턴 부부의 재임을 계기로 영부인도 자신만의 경력을 쌓을 수 있다고 대중들이 인정하기 시작한 점은 주목할 만하다. 실제로 밥 돌이 1996년 대선에 나섰을 때 그의 아내 엘리자베스 돌은 밥 돌이 선출된다 해도 자신은 경력을 계속해서 쌓아 나가겠다고 뚜렷이 밝힌 바 있다. 그리고 실제로 엘리자베스는 자신의 일을 계속하여 2002년에 미국 상원의원이 된다.

딕 체니의 아내 린 체니는 상당부문 영향력을 행사하는 정부 관련 활동을 하며, 남편이 부대통령으로 재임했던 시기에도 자신의 경력을 추구할 수 있었다. 이와 같이 어느 정도의 외부 활동은 국민들이 납득할 만 했지만 힐러리의 경우처럼 대통령 당선자가 아닌 데도 정부 정책에 부적절하게 영향력을 행사하는 경우는 그리 달갑게 보지 않았다. 미국 국민은 하나의 대통령직을 두고 두 명이 활동하려는 생각을 받아들일 준비가 되어 있지 않았다.

힐러리는 대중에게 인기가 있었는데 이러한 인기는 그녀의 활동을 어떻게 평가하는가에 따라 얻어진 결과였다. 예를 들어 힐러리가 영부인으로서 부적절한 활동에 참여했다고 생각하는 사람들은 그녀를 그다지 좋게 평가하지 않았다. 흥미롭게도 이는 당파심으로 인해 초래된 단순한 현상이 아니었다. 다른 말로 하자면 힐러리를 평가한 사람들은 단지 공화당원만이 아니었다는 이야기다. 민주당원들 역시 힐러리의 활동을 얼마나 받아들일 수 있는지를 기준으로 그녀를 평가했다. 이 평가들은 다시 대통령이 어떻게 인식되는가에 독자적으로 영향을 끼쳤다.

1996년 선거 운동 당시 클린턴은 힐러리를 유세장에 나타나지 못하게 하고 최대한 저 자세로 몸을 낮추었지만, 영부인으로서의 힐러리에 대한 평가는 유권자에게 영향을 주었다. 경기가 좋은지 나쁜지에 대한 사람들의 생각이 투표 결과에 영향을 끼치듯이, 영부인에 대한 사람들의 인식도 투표 결과에 영향을 준 것이다. 영부인에 대한 인식보다 더 강하게 영향을 끼치는 것은 당파심과 후보의 영향력뿐이다.

영부인에 대한 이 연구는 대통령 배우자가 투표 결과에 얼마나 결정적인 역할을 하는지 새롭게 조명하고 있다. 21세기로 접어들면서 여성의 역할은 계속 증가하고 있으며, 이는 영부인의 역할까지 계속 변하게 할 것이다. 안주인의 역할에 보다 초점을 두는 여성도 있겠지만, 자신들의 새로운 거처가 어딘지에 상관없이 자신만의 경력을 유지하는 여성도 틀림없이 더 많이 존재하게 될 것이다.

예를 들어 로라 부시는 첫 번째 역할을 선호하는 것처럼 보이지만 반면에 '문맹률 낮추기 운동'의 옹호자가 됨으로써 시어머니의 전철을 따르기도 했다. 흥미로운 것은 이 경우 남편이 대중에게 어떻게 비춰 질지 그리고 남편이 집무실에서 어떤 일을 하게 될지에 대해 의문이 생긴다는 것이다. 힐러리가 대통령 출마 의사를 밝혔기에 이러한 의문들에 대한 연구 시기는 예상보다 빨리 앞당겨질 수 있었다.

클린턴의 대통령 재직시절

힐러리는 남편이 8년 동안 미국 정부를 이끌 때 왕성한 활동을 했는데, 건강보험 전담반에서 활동한 일이 그중 하나다. 클린턴의 '전쟁 상황실'은 1992년 대선 당시 클린턴의 선거 운동 본부로 활용되었는데, 이 상황실에 게시된 유명한 공고문이 바로 '경제, 어리석음'이었다. 그로 인해 당연한 결과로서 정책은 건강보험 문제에 치중하게 되었다.

당시 미국에서는 건강보험 제도가 쓸모없으며 다시 수정되어야 한다는 생각이 대중들 사이에서 점차 공감을 얻어가고 있었다. 수백만의 미국 근로자들이 건강보험비를 감당하지 못했으며, 그로써 그들은 2등 시민으로 밀려나는 체험을 하고 있었다.

미국은 잘 알려지지 않았으나 우수한 의료 서비스와 최신 시설로 갖춘 것에 비해 그러한 혜택이 전 국민에게 미치지 않는 실정이었다. 해가 갈수록 점점 더 많은 사람들이 보험 가입을 아예 포기하거나 일부 보험만 가입하고 있었다.

1992년 선거 운동 기간에 클린턴은 건강보험 제도를 수정해야 한다고 주장하면서 자신이 대통령이 되면 해결해야 할 우선 과제 중 하나가 될 거라고 공약했다. 클린턴은 단지 그렇게 약속했을 뿐이고, 실제 진행에 있어서는 아칸소에서 일하던 때와 마찬가지로 힐러리가 전담반을 맡도록 했다.

클린턴이 미국 시민들에게 건강보험 혜택이 고르게 주어지는 데 관심을 가졌던 첫 번째 대통령은 아니었다. 리차드 닉슨 역시 1970년대에 이 문제를 공론화 한 적이 있다. 클린턴은 단지 건강보험 문제에 국민들의 관심이 다시 쏠리게 했을 뿐이다.

1992년 대선 운동을 시작하던 때만 해도 미국이 당면했던 가장 중요한 공공 정책 문제 중 하나로, 일정 수준 이상의 저렴한 건강보험 제공에 있어 수혜자로 등록된 사람들은 거의 없었다. 그리고 클린턴 대통령 취임식 날에 이르렀을 때는 건강보험 혜택 문제는 클린턴 선거 운동이 그 문제에 초점을 둔 덕분에 가장 우선적으로 해결해야 할 10가지 문제 중 하나로 대두 된 상태였다.

클린턴 재직 이래 모든 대선후보는 건강보험 안을 제시하기 시작했고 어떻게 이 문제를 다룰지에 대해 미리 답변을 마련하여 논쟁에 임해야 했다.

미국 시민 대다수를 위한 효율적인 건강보험 안을 작성하려는 시도는 무수히 많았다. 그러나 그러한 시도가 정부에 적합한 역할인지 그리고 정부의 영향력과 범위에 적절한지에 대해서는 부적절하다는 인식이 만연했다. 또한, 건강보험을 수준 있고 저렴하게 제공할 수 있는 방법은 불가능하다고 인식되었으며, 새로운 건강보험 제도를 지원할 비용도 턱없이 부족한 상태였다.

클린턴은 전문가팀의 팀장직을 힐러리에게 맡겨 아칸소에서 교육 개혁이라는 대의를 위해 리더십을 발휘했듯 새로운 건강보험 정책을 발전시키려 했다. 선거기간부터 힐러리가 주요 정책을 도맡으려 한다는 소문이 공공연하게 떠돌았다. 심지어 클린턴이 당선되면 힐러리가 내각직책을 맡으려 한다는 말까지 퍼지고 있었다.

또한 힐러리가 기존의 영부인들과는 다른 모델이 될 거라고 생각하는 사람들이 대부분이었다. 그들은 힐러리가 엘리노 루스벨트가 맡았던 역할까지 도맡아 중요한 정책 수행자가 될 거라고 추측했다.

건강보험 문제는 힐러리의 능력을 보여줄 수 있는 좋은 기회였다. 그녀는 정부가 건강보험이라는 중요한 문제를 어느 방향으로 이끌어 나갈 것인지에 엄청난 영향을 끼칠 수 있는 자격과 능력이 있었다.

클린턴 대통령은 건강보험에 대해 신속한 조치를 취했으며, 심지어는 클린턴이 재임하기 시작한 지 100일 이내에 법안을 마련하겠다는 약속을 하기도 했다. 이러한 클린턴의 행태는 합리적인 면이 있었고 획기적인 계획으로 주목을 받았지만, 현상 유지를 선호하던 다수 국민들의 반대에 부딪혔다. 게다가 미국의 민주주의 제도는 속도와 효율성에 초점을 맞추지 않는 것이 관례였다.

미 정부의 제도에 따르면 법안은 천천히 그리고 신중히 처리되어야 한다. 클린턴 대통령은 자신만의 권한과 본질적인 권력을 쥐고 있으며 입법부는 하원과 상원이라는 두 기관으로 분할되어 있다. 그런데 이렇게 정책을 신중하게 처리할 경우 입법 과정의 처리 속도는 상당히 느려지게 된다. 더욱이 적지 않은 예산 소모와 새로운 차원의 관료주의의 발생을 의미하는 주요 정책 계획안들은 어떤 경우이든 통과되기가 더 어려워진다. 그렇기에 건강보험 또는 다른 문제에 있어 현상 유지 상황을 급진적으로 바꾸려던 노력이 난관에 부딪치고 말았다. 또한 힐러리에게 전담반을 맡기기로 결정했지만 정책 입안 과정 중 실수를 저지르면서 결국 건강보험 문제는 더 복잡해졌다.

새로운 건강보험 정책을 추진하는 노력의 일환으로 힐러리는 교육 제도를 개혁했던 아칸소 사례를 모델로 삼았다. 우선 힐러리는 문제가 복잡해 지면 그 사실을 자신에게 알려 줄 전문가 팀을 활용했다. 그리고 난 후 전국을 돌며 의견을 청취했는데, 이 여행 중 힐러리는 지역별로 일정한 수준이 있고 대중이 접근 가능한 건강보험을 시도하는 일이 무엇을 의미하는지 직접 알아보기 위해 해당 지역에 잠시 머무르기도 했다.

또한 힐러리는 의사, 보험 회사, 병원 협회 등 해당 지지층에게 말을 걸기도 했다. 이러한 여행에 있어 초반에는 영부인의 능력과 전문성에 대해 긍정적으로 평가되며 곧잘 뉴스의 화두가 되기도 했다. 그런가 하면 힐러리의 동기 부여와 성격적 결함에 대해 갑작스럽게 형성된 정치 반대파들이 목소리를 높여 비난하기도 했다. 대체로 위원회는 꾸준히 감시를 받았으며 정치 반대파들은 위원회의 노력과 건강보험 개혁을 폄하할 수 있는 기회라면 뭐든지 이용했다.

대부분의 관찰자들에게 힐러리는 처음부터 순조로운 길을 따라 건강보험 개혁을 이행하는 듯 보였다. 힐러리는 건강보험 산업 대표 뿐 아니라 수많은 주요 공화당원들과도 개인적인 만남을 계획했으며, 다수의 의회 위원들 앞에서 증언을 하기도 했고, 다양한 포럼을 개최하여 대중들에게 연설을 하기도 했다. 이 모든 노력은 개혁 속도를 촉진하고 폭넓은 지지를 확보하기 위한 것이었으나, 힐러리가 개혁을 진행하는 과정은 결국 흠이 많다고 여겨지게 되었다.

공식 전담반이 진보주의자 이러 매거지너를 수장으로 하여 12명의 사람으로 구성된 반면, 매우 큰 규모의 비공식 전담반은 500명으로 구성되어 있었다. 이러 매거지너는 힐러리와 함께 1969년《라이프》지에 대서특필 되었듯이 졸업식에서 연사를 담당한 사람이다.

한편 이 비공식 전담반은 34개의 서로 다른 하위 위원회로 분할되어 있었고, 이 각 하위 위원회는 매거지너에게 직접 보고를 하게 되어 있었다. 매거지너는 다시 힐러리에게 직접 보고를 했다. 그러나 사람들은 이러한 과정이 겉치레에 불과하고, 영부인과 매거지너는 처음부터 사람들의 의견을 듣는 척하고 있었다고 비난했다.

임기 초기에 비공식 전담반의 회원 명단은 기밀 사항이었다. 회원을 둘러싸고 개혁에 관심이 있는 자들이 로비를 벌이지 못하게 하려는 목적에서였다. 그러나 이러한 기밀에 대해 반발이 일어났다. 특히 모든 사람이 '건강 유지 기관Health Maintenance Organization, HMO'에 등록되도록 한 '단일 지불자 계획single-payer plan'을 가장 달갑지 않게 여기던 '미국 의학 협회' 회원들의 반발이 특히 심했는데, 이들에게는 회원 명단 공개가 금지되어 있었다. 회원 명단에 대한 기밀은 결국 주 법정에서 소송에 걸려 회원 명단이 발표되기에 이르렀다.

백악관은 기밀을 유지하려고 했으나 좌절되고 말았다. 그 이유 중 하나는 위원회 의장이었던 힐러리가 회원명단이라는 기밀을 유지하려고 노력함에 따라 오히려 자신에 대한 국민 정서를 악화시켰기 때문이다. 클린턴 정부는 이같이 때때로 힐러리에게 공식 직책을 맡겼는데 그로써 행정부가 어느 정도의 특권을 지닐 수 있느냐에 대해 논란이 많았다. 이는 힐러리가 공직을 맡지 않던 시기에도 쟁점이 되었다. 왜냐하면 공식적으로 힐러리에게 공직을 맡기지 않는 가식적 행태가 국민들에게 혼란을 주었으며, 클린턴 부부가 무언가를 은폐하려 한다는 인상을 심어주었기 때문이다.

힐러리는 물론이고 산업 정책 저술가였으며 로드 아일랜드 주에서 건강보험 개혁을 시도한 적이 없던 매거지너도 주요 국내 계획안을 마련하여 통과시킨 경험이 한 번도 없는 문외한이었다. 클린턴 부부가 호감을 사야 했던 유권자 수가 수십만 명에 그쳤던 작은 아칸소 주에서, 힐러리가 쌓은 경험으로는 이 건강보험 문제를 처리하기에 턱없이 부족했다.

또 다른 큰 문제는 실제 건강보험 개혁에 공감했던 보다 온건적인 공화당원들이 이 개혁 과정에서 배제된 일이었다. 어떤 이는 힐러리가 소수당 출신의 유권자를 필요로 하지 않으며, 그에 따라 소수당 유권자들을 배제하려는 생각을 했다고 주장한다. 힐러리가 취하려 했던 이 방법은 주정부에 의해 독점적으로 제공되던 건강보험 제도에 맞는 것이었다.

수많은 민주당원들은 힐러리가 자신의 의견을 타협하지 않으려는 태도를 취함에 따라 실패했다고 말하며 이 방법에 대해서도 미심쩍어 하고 있었다. 동시에 텔레비전에서는 클린턴의 부부 관계에서 누가 주도권을 쥐고 있는가에 대한 농담이 점점 더 많이 방영되고 있었다. 반대자들이 비판적인 태도를 취함은 물론이고, 뉴스 매체 또한 부부 관계를 비꼬며 방영하자 인기 프로그램들도 한둘씩 그 내용을 방송에 내 보내기 시작했다.

백악관은 힐러리의 역할을 어머니와 전문직 여성, 안주인 등으로 나누어 일대일 특별 인터뷰에 응하면서 영부인이 맡아온 고정 역할을 파괴하려 했다. 그러나 이러한 노력도 술렁거리는 반대 세력의 동요를 다스리기에는 충분치 못했다.

힐러리는 클린턴 대통령이 전념했던 건강보험 개혁안을 100일 이내에 작성하는데 실패했으며, 이로써 워싱턴 가의 평판에서 손상을 입게 되었다. 이 개혁안이 지연된 이유는 내용이 너무 복잡하고, 백악관이 수행했던 그 외 정책들과 연관성에서 실패했기 때문이다.

영부인이 1월에 고집했던 야심적인 정책 안건은 이행하기 힘들다고 판명이 났다. 1993년 초반 상원에서 양당의 반대로 인해 이 법안이 진행되지 못함에 따라 대통령은 경제부양 종합대책을 통과시키는데 실패했다. 경제부양 종합대책을 통과시키지 못한다는 것은 건강보험 계획안을 위한 자금 조달 통로가 막혀 결국 이 계획안을 도입할 수 없음을 의미했다. 또한 백악관은 남성 동성연애자의 입대 허가 문제를 둘러싸고 난처한 상황에 빠져 있었다.

동성애자의 입대를 허용하는 법안은 선거유세 기간 내내 쟁점이 되었다. 하지만 백악관은 이 새로운 법안을 통과시키는데 필요한 지원을 얻지 못했다. 콜린 파월 장군이나 샘 넌 상원의원은 이 법안을 반대 했고 대중의 지지 역시 급속히 줄어 갔다. 이 법안과 관련해, 클린턴 대통령이 과연 군 문제를 다루기에 적합한 인물인가에 대한 논란이 생겼다. 이런 논란이 생긴 이유는 그가 군대를 가지 않았고 또 어떤 대가를 치르는 조건으로 군 입대를 피했다는 증거 때문이었다. 결국에 클린턴 대통령은 '묻지도 말고 말하지도 말라' 정책으로 동성애자 군 입대 문제를 일단락 지었다. 하지만 이런 타협안에 대해 클린턴의 반대 세력은 물론 지지자들까지도 만족하지 못했다.

동성애자 군 입대 정책이 실패함과 동시에 '화이트워터' 투자 사건과 힐러리의 1990년대 '원자재 투자 사건'이 관련된 혐의들이 다시 표면화되었다. 이에 따라 대통령의 지지율이 하락했다. 클린턴 대통령의 취임 후, 첫 3개월간의 지지도 하락률은 역대 대통령과 비교했을 때 사상 최고치였다. 백악관은 북미자유무역협정 체결 문제를 비롯해 다른 현안들에도 신경을 써야 했다. 북미자유협정은 부시 전 대통령 정권 때부터 협상이 진행되어 왔으며, 미국, 캐나다, 멕시코 간의 상업적 제재를 풀기 위한 협정이다. 클린턴 대통령은 사실상 이 협정에 대해 반신반의했었다. 하지만 유세 기간에 이 협정에 대해 호의적으로 이야기했으며, 체결할 필요가 있다고 느꼈다.

또한 노동 및 환경 문제와 관련된 후속 협정들을 체결하겠다는 공약을 내세웠다. 대통령에 당선된 후 클린턴 대통령은 외교 정책 관련 단체들과 백악관 보좌관들이 이 협정의 체결을 적극적으로 찬성한다는 것을 알게 되었다. 반면, 노동 및 환경 관련 단체들은 이 계획에 반대하는 세력을 형성했다. 로스 페롯 역시 자신이 만든 반자유무역협정 캠페인을 재정적으로 지원하면서 반대 세력에 가담했다. 페롯은 이 캠페인에서 '자이언트 서킹 사운드Giant Sucking Sound'라는 표어를 내세웠다. 이 표어의 대표적인 주장은 북미자유협정이 체결되면 미국의 일자리가 빠져나간다는 것이다. 민주당 의원 전원이 북미자유무역협정 체결에 반대하지는 않았지만, 상당히 많은 수의 의원들이 반대 의사를 표명했다. '러스트 벨트'지역 강철 산업 지역의 사양화를 나타내는 미 구어—옮긴이과 도시 지역의 민주당 의원들은 자신들의 캠페인을 재정적으로 지원하는 노동조합들이 반발할 것을 우려해 백악관의 계획에 사인하지 않았다.

공화당 의원들의 북미자유무역협정 체결에 대한 지지율은 민주당 의원들에 비해 상대적으로 높았다. 하지만 일부 의원들은 페롯의 캠페인에 겁을 먹었다. 또 다른 의원들은 공화당 부시 정권 때 협상했던 협정이 클린턴 정권에서 결실을 맺는 것을 내켜하지 않았다.

힐러리는 공개적으로 북미자유무역협정 체결을 위해 아무 일도 하지 않았다. 하지만 그녀는 배후에서 영향력을 행사했다. 힐러리는 협정 체결을 위한 대책회의에서 노조들과 정면승부를 하라고 충고했다. 그녀는 아칸소 주에서 자신이 클린턴과 교육 개혁안을 위해 고군분투했던 경험을 언급하면서 "친구들과 함께 싸울 때는 사람들에게 당신이 싸울 의지가 있다는 것을 보여줘야 한다"라고 말했다.

백악관은 곧 발표될 건강보험 안을 위해 노동조합의 지원이 절실히 필요했기 때문에 이와 같은 전략은 위험한 것이었다. 북미자유무역협정이 비준된 후 노동조합과 화해하기 위해 많은 노력이 펼쳐졌다. 이러한 노력의 일환으로 1994년 미국 국정 연설 때는 미국노동총동맹—산업별조합회의 AFL—CIO의 대표를 영부인 옆자리에 앉혔다.

여론의 악화와
지지율 하락   1993년 9월 백악관은 북미자유무역협정 체결 문제뿐만 아니라 악화된 여론을 회복시키기 위해 애를 썼다. 이스라엘과 팔레스타인 간의 평화 협정을 협상하고 건강보험 안을 관철시키며, 작고 효율적인 정부를 만들기 위한 부통령의 계획을 실현시키기 위해 전력투구하고 있었다. 결국 백악관은 또 다른 주요 정책을 위해 투쟁할 여력이 없다고 느끼고 건강보험 관련 계획 발표를 연기하기로 했다.

건강보험 안을 위한 힐러리의 역할에 대해 언론은 초반부터 못마땅해했다. 게다가 그녀가 비밀유지에 지나치게 집착하고 초반에 언론을 따돌리면서, 결국 언론은 그녀로부터 등을 돌렸다. 이에 따라 언론과 힐러리의 갈등은 더욱 악화되었다. 선거유세 때부터 반복되었던 이런 현상은 클린턴 정권 내내 지속되었다. 힐러리는 언론이 자신에게 해를 줄 수 있다고 생각해 지속적으로 비밀을 유지하고 언론을 적대적으로 대했다. 그녀의 언론 불신으로 인해 클린턴 정권 초기에 백악관과 언론 간의 관계는 좋지 않았다.

클린턴 정부의 공공 정책과 관련해서 힐러리가 영부인으로서 어떤 역할을 했는지 정확히 알 수는 없다. 하지만 언론사들은 자신들이 과거의 정권 때와는 다른 대우를 받을 것이라는 것을 알았다. 정권 초반에 백악관 기자들은 과거에는 취재가 가능했던 건강보험 안을 비롯한 기타 여러 사안들에 대해 취재할 수 없게 되었다. 백악관은 선거유세 때처럼 기자단을 피하는 대신 지역 언론 매체, 케이블 뉴스, 또는 라디오 방송에 재임스 카빌과 같은 대표를 내보내는 대안을 택했다. 하지만 선거유세 때 통했던 방식은 대통령이 된 후에는 통하지 않았다. 이런 전략 때문에, 과거 우호적이던 백악관과 기자단의 관계가 클린턴 정부 초기에 악화되었다. 이는 클린턴 정부 초기 3개월간 지지율이 24포인트 하락한 것과 관련이 있다고 볼 수 있다. 이 기간에 클린턴 대통령에 관한 기사는 21%만이 긍정적인 내용이었다. 반면 1989년 부시행정부의 초기 3개월 동안은 대통령에 대한 기사들 중 무려 74%가 대통령에 대해 우호적인 내용이었다.

언론에 더 개방적인 모습을 보였다면 아마도 초기의 어려움은 상당히 감소했을 것이다. 일부 분석가들은 클린턴과 그의 보좌관들이 상대적으로 젊고 경험이 없기 때문에 언론과의 관계가 좋지 않았다고 분석한다. 백악관이 건강보험 안에 관해 더욱 협조적인 태도로 언론에 접근했다면 더 유리했을 것이다.

흔히 정치는 타협의 예술이라고 하는데 배타적 행동으로 성공한 경우는 드물기 때문이다. 다시 말해, 한쪽에서 완강한 태도를 취하면 반대 세력이 커질 확률은 크다. 클린턴 부부는 자신들의 목적을 달성하기 위해 가장 중요한 정부, 의회, 이해 단체들 그리고 여론의 환심을 얻는 데 실패했다. 이에 따라 클린턴 부부는 융통성이 없고 오만하다는 평가를 받았다. 또한 정치권 내에서는 물론 심지어 민주당 의원들 중에서도 그들의 지지자들은 희박한 수준이었다. 그 결과 클린턴 정부의 건강보험 안은 의회에서 논의되기도 전에 사라졌다.

계획안을 구성하는데 오랜 시간이 걸리거나, 계획안의 내용이 복잡하거나, 혹은 의회에 상정하는데 많은 장애물이 있을 경우, 반대 세력이 법안 반대 운동을 성공적으로 성사시킬 확률이 높아진다는 것은 두말할 필요가 없다. 건강보험 안 반대 단체들 중 하나인 '미국의료보험협회Health Insurance Association of America' 는 유명한 '해리와 루이스' 광고를 방송에 내 보냈다. 이 짧은 광고는 중년의 백인 부부가 양질의 의료 서비스를 받지 못할까 봐 두려워하면서 관리 의료 시스템의 폐해를 비난하는 내용이다. 이 광고를 본 사람들은 많지 않았지만, 언론들은 이 광고의 핵심을 바탕으로 하여 과연 관리 의료가 미국 사람들에게 적합한지에 대해 의문을 제기했다. 이와 동시에 보수적인 '맨해튼 기구'의 엘리자베스 맥코피는 관리 의료 계획에 대한 비판적인 운동을 펼쳤고, 그 결과 많은 대중들이 이 계획안에 대해 우려하기 시작했다.

이에 따라 건강보험 안에 대한 대중의 지지율은 급속히 감소했다. 뿐만 아니라 의회는 일괄적으로 행동하지 못했고, 관련 위원회들은 백악관의 계획 안을 제대로 반영한 법안들을 보고하지 못했다. 정부 건강보험 계획에 대한 여론이 나빠진 이상, 의회가 이 법안을 죽이는 것은 시간 문제였다.

힐러리가 직면한 어려움은 건강보험 안이 실패하는 데 그치지 않았다. 이 실패는 단지 빙산의 일각일 뿐이었다. 남편의 대통령 임기 중 그녀가 직면한 최대의 난관은 아마도 '화이트워터' 투자 사건일 것이다. 이 사건은 선거유세 때부터 모습을 드러낸 후 클린턴 정부의 초기 1년 동안 줄곧 클린턴 부부를 괴롭혔다. 친구이자 정치적 후원자였던 맥도갈 부부와 함께 했던 부동산 투자로 상당히 복잡한 토지개발 거래였다. 이 사건은 클린턴 부부와 관련된 여러 의혹을 불러일으켰다. 클린턴 부부와 지역 금융 기관 부도와의 연관성에 대한 것을 비롯하여 클린턴이 주지사였을 때 특혜를 받았는지 여부에 대한 의혹 역시 제기되었다. 클린턴 부부는 줄곧 무죄를 주장하면서, 이 투자로 인해 자신들이 돈을 잃었다는 점을 강조했다.

'화이트워터' 사건과 관련된 의혹은 클린턴 부부가 건강보험 개혁을 이루는 데 있어 최악의 시점에 불거졌다. 자넷 레노 법무 장관은 '화이트워터' 수사를 돕기 위해 독립 검사를 지명했지만 사실상 독립 검사는 필요하지 않았다. 왜냐하면 독립 검사 지명은 법적 절차 없이도 가능했을 뿐 아니라, 무엇보다 힐러리는 독립 검사를 지명하는 것에 대하여 강력히 반대했기 때문이다. 그녀는 독립 검사를 지명하면 자신의 사생활만 더 파헤쳐 질 것이라고 생각했다.

그러나 백악관 고위 보좌관 조지 스테파노폴로스를 포함한 많은 사람들은 독립 검사를 지명하면 클린턴 정부가 스캔들의 온상이라는 나쁜 이미지에서 벗어나는 데 도움이 될 것이라고 주장했다. 또한 '화이트워터' 사건에 관심이 집중되면 클린턴이 국정 과제를 수행하는 데 방해된다고 말했다. 그리고 사람들의 관심이 '화이트워터' 사건에서 건강보험 안으로 옮겨갈 수 있을 것이라고 낙관했다.

이런 주장도 일리가 있었지만, 결과적으로 독립 검사 지명은 역효과를 가져왔다. 힐러리 클린턴의 우려가 현실이 되고 만 것이다. 독립 검사가 이끄는 수사는 클린턴 대통령의 두 번의 임기 내내 진행되었으며, 끝없는 증언과 과거에 대한 질문들이 오가는 상황을 초래했다. 결국 이 수사는 대통령을 탄핵 상황으로까지 몰고 갔다. 심지어 클린턴 부부의 금융 거래와는 아무 관계가 없는 일들에 대한 의혹까지 불러 일으켰다.

클린턴 행정부에서 일하던 빈스 포스터의 자살은 클린턴 부부의 상황을 더욱 악화시켰다. 포스터는 과거에 로우즈 법률 회사의 파트너 변호사였으며, 클린턴 부부와는 친한 친구이자 그들의 담당 변호인이었다. 그는 정부에서 일하는 것에 대하여 전혀 관심이 없었지만, 힐러리의 부탁으로 아칸소 주를 떠나 정부에서 일하게 되었다. 그는 오랜 시간 동안 힐러리의 충직하고 믿음직한 친구였기 때문에, 힐러리는 도움이 필요하다며 그를 설득할 수 있었다. 하지만 불행하게도 그는 워싱턴 내부 업무에 적응하지 못했고, 공무원이 지켜야 할 구체적 윤리규범도 잘 지키지 못했다. 클린턴 부부는 워싱턴 내부 상황에 노련하게 대처할 사람이 필요했는데, 그는 누가 봐도 아웃사이더였다. 포스터는 정부 업무 처리에 능통한 사람을 찾기보다는 아칸소 출신 사람을 고용함으로써 자신의 문제뿐만 아니라 힐러리의 상황까지 악화시켰다. 주변 사람들은 그가 이런 압박감을 이기지 못해 자살했을 것이라고 말했다. 그러나 그가 정확히 왜 자살했는지는 아무도 모른다. 그는 낱장이 구겨지고 해석하기 힘든 노트 이외에는 어떤 글도 남기지 않았다. 클린턴 부부는 아끼던 친구의 죽음으로 큰 충격과 슬픔에 잠겼던 것으로 알려졌다.

건강보험 안이 실패하자 힐러리는 대외적으로는 전형적인 영부인의 역할을 수행했다. 웨스트 윙에 있는 자신의 사무실은 그대로 두었지만 정책을 고안하는 일에는 더 이상 공식적으로 개입하지 않았다. 영부인이 클린턴 대통령에게 있어 핵심 고문 역할을 한다는 사실은 이미 알려져 있었다. 또한 그녀는 클린턴 대통령의 핵심 보좌관들과도 긴밀한 관계를 구축했다. 하지만 그녀가 구체적으로 어떤 역할을 맡았는지는 알 수 없다.

　이라크 전쟁에서 힐러리 상원의원은 클린턴 정부가 발칸 반도에 무력을 사용하는 데 있어 핵심적인 역할을 했다고 한다. 힐러리는 건강보험 안의 실패로 대외적으로 영향력을 행사할 명분을 잃었다. 물론 그녀가 배후에서 주도적인 역할을 맡았을 것이라는 데에는 의심의 여지가 없다. 그러나 힐러리는 더 이상 정책문제에 있어 전면에 나서거나 아니면 공개적으로 주요 영향력을 행사하기는 힘들어졌다.

의회의
새로운 리더십　　　　1995년 많은 사람들은 빌 클린턴이 대통령 임기를 채우지 못할 것이라고 생각했다. 1994년에 민주당은 하원 및 상원 의회에서 과반수를 못 넘겼으며, 40년 만에 처음으로 공화당에게 주도권을 넘겼다. 소위 1994년 공화당 혁명으로 불리는 이 사건은 공화당 의원 뉴트 깅리치가 주도했다. 그는 1995년에 하원 의장이 되었다. 공화당은 상원과 하원 의회에서 주도권을 되찾기 위해 후보자 선정에 심혈을 기울이고, '미국과의 계약'이라는 문서에 표현된 공통적인 내용을 사용하며 주간 교육 테이프로 후보자들을 교육시켰다. 메시지를 지속적으로 주입시키고 복지개혁, 세금, 낙태와 같은 쟁점에 대해 일관적인 입장을 고수하도록 했다.

1995년에 대통령과 의회는 예산 집행 안에서 합의점을 찾지 못해 몇 번이나 정부 업무가 중단되었다. 이는 당시 상황과 '미국과의 계약'에 제시된 내용이 달라서 빚어진 충돌이었다. 공화당은 이 충돌의 화살이 어차피 대통령에게로 갈 것이라는 생각에 끝까지 타협을 하지 않았다. 하지만 공화당은 이런 강경한 태도 때문에 결국 타격을 입었다.

마지막 방편으로 클린턴 대통령은 알칸소의 선거 유세에서 도움을 주었던 정치 고문 딕 모리스에게 다시 한 번 도움을 요청했다. 모리스는 대통령에게 삼각화 전략을 건의했다. 이 전략은 복지 개혁 같은 기존의 공화당 정책안들을 끌어안는 방식이었다. 빌 클린턴은 새로운 정책안을 처리하는 데 있어 중도적 입장을 취했고, 그 결과 입법과 재선에서 모두 성공했다.

일각에서는 빌 클린턴이 첫 번째 임기 동안 입법적으로 대성공을 이루었다고 평가한다. 실제로, 클린턴의 첫 번째 임기 동안의 입법적 실적은 근대 여느 대통령 보다 뛰어났고, 이런 성공은 힐러리가 입법안을 강력하게 추진하도록 권고한 덕분이기도 했다. 공화당의 혁명 역시 클린턴 정부가 첫 번째 임기를 성공시키는데 기여했다는 주장도 있다.

첫 번째 임기 후반에 들어서 대통령은 의회의 강력한 반대에 부딪혔지만, 그에게는 중요 사안들에 대해서는 하나의 목소리를 내게 만드는 장점이 있었다. 반면 의회는 500명이 넘는 목소리가 있다. 이런 수사적인 장점은 대통령이 정치적 승리를 이루는 데 큰 도움이 되었다. 일각에서는 의회에서 일어난 변화 덕분에 백악관이 더욱 직선적이고 당 이념에 충실할 수 있었다고 말한다. 클린턴 정부는 첫 3개월 동안 지지율이 하락했으나 공화당이 의회의 주도권을 잡은 후 지지율은 서서히 상승하기 시작했다. 국민들은 의제를 추진하는 데 있어 강경적인 의회의 리더십에 호응하지 않았다. 국민들은 열광적인 뉴트 깅리치나 엄숙한 목소리의 밥 돌을 포함한 공화당의 리더십보다는 상냥하고 친구 같은 이미지의 대통령이 더욱 카리스마가 있다고 여겼고 그에게 더욱 호의적이었다.

대통령의 첫 번째 임기 후반에 있어 힐러리는 공공 정책과 관련해서 대외적인 활동을 하지 않았다. 1995년 초에 있었던 공개 성명에는 이렇게 나와 있다.

힐러리 여사는 여성, 아동, 건강 관련 사안들에 대하여 장기적인 관심을 가질 것이며 입법문제보다는 대중에게 널리 알릴 수 있는 사안들에 집중할 것이라고 했다.

그녀는 자신이 말하는 것으로 정의되기를 원했다. 그녀는 최근에 《뉴스위크》지에서 고아와 어린이의 복지 문제에 대해 쓴 것처럼, 이와 관련된 글을 앞으로도 많이 쓸 계획을 갖고 있다.

힐러리는 여성들의 유방조영상 지지와 같은 국민들의 인식 제고에 중점을 맞춘 쟁점을 옹호했다. 이는 그녀가 더 이상 정책 입안 과정에 참여하는 모습을 대중에게 보여줄 수 없음을 깨달았다는 것을 의미한다. 정책 형성 과정뿐 아니라 전략 계획을 세우는 일에 그녀가 관여하고 있다는 건 의심할 여지가 없다. 하지만 그녀가 정확히 어떤 역할을 하는지에 대해서는 알 수 없다. 힐러리의 웨스트 윙 사무실은 그대로 있고, 참모진들은 대통령의 참모진으로 남았다.

1995년과 이듬해인 1996년 힐러리에 관한 뉴스는 상당 부분 '화이트워터' 부동산 투자와 그녀의 해외 순방, 그리고 캠페인에 관한 것이었다. 그녀의 해외 순방에는 1995년 베이징에서 열렸던 여성에 관한 국제회의와 그녀의 딸 첼시와 다녀온 인도 순방이 있다. 그녀는 해외 순방과 캠페인을 통해서 대중이 알고 있는 것보다 더욱 정치적으로 활발한 영부인의 모습을 보여줄 수 있었다.

태국을 방문했을 때, 그녀는 참여 했던 여성 모임에서 이렇게
말했다.

"나는 지금까지 해 왔던 일을 앞으로도 할 것입니다. 내가 말하
고자하는 바를 말할 것이며 내가 관심 있는 일을 할 것입니다."

"변화를 위해 과감이 도전하라.
큰 야망을 품었을 때 커다란 결실을 거둘 수 있다."

힐러리 클린턴

제6장

1996년, 대통령 선거와
두 번째 임기

빌 클린턴의
재선

현직 대통령으로서 재선에 도전하는 것은
초선에 도전하는 것과 확연히 다르다. 재
선에 도전할 경우 몇 가지 이점이 있다. 지명도, 대통령으로서의
이미지, 대통령으로서 이룬 좋은 성과, 그리고 소위 말하는 유명
세 등이 그것이다. 하지만 현직 대통령이 넘어야 할 난관들도 존
재한다. 언론으로부터의 지속적인 공격과 대중들이 미국 정부
내부 인사와 정치인에 대해 품는 불신이 있다. 그리고 초선 때의
공약을 지키지 않은 경우 걸림돌이 될 수 있다.

빌 클린턴이 1992년 초선에 도전할 당시, 좋지 않은 경제 상황과 제3당 후보인 로스 페로가 표를 분산시켜 준 점, 당시 현직 대통령이 장기간 미국 정부의 내부 인사였다는 점이 유리하게 작용했다. 이런 요소들 덕분에 빌 클린턴은 대통령 선거에서 승리할 수 있었다. 하지만 1996년 선거 당시에는 현직 대통령인 빌 클린턴이 미국 정부의 내부 인사였다. 경제 상황이 좋긴 했지만 클린턴 대통령 앞에는 내재된 수많은 어려움들이 놓여 있었다. 그 상황을 정리하면 다음과 같다.

1. 클린턴 정부는 초반에 여론의 지지를 얻지 못한 몇몇 정책들 때문에 고군분투했다. 클린턴의 지지율은 비교적 괜찮은 편이 긴 했지만 높은 편은 아니었다. 1996년 여름에는 지지율이 60%에 못 미쳤다.

2. 클린턴 대통령의 공약은 전반적으로 실제 정책에 반영되는 공을 세웠다. 하지만 선거 유세 기간 내내 쟁점이 될 건강보험이나 군대 내 동성애자 권리와 같은 몇몇 주요 사안에서 실책했다.

3. 1994년 중간 선거에서 공화당의 정책 이념이 어느 정도 지지를 얻었다. 30년 만에 상하원에서 주도권을 쥐게 된 공화당은 기회만 있으면 클린턴 정권 정책에 반대하고 나섰다.

4. 클린턴 대통령과 힐러리 클린턴의 아칸소 주 금융 비리 및 특별 검사 수사와 관련한 파문이 여전히 가라앉지 않았다.
5. 폴라 존스라는 여성은 빌 클린턴이 자신을 성추행했다고 주장했다.

민주당에서 재선에 실패한 대통령으로는 존슨 대통령과 카터 대통령이 있다. 존슨 대통령은 당내에서 심각한 도전을 받았을 뿐만 아니라 다른 여러 가지 이유 때문에 재선에 출마하지 않았다. 카터 대통령은 당내에서 그의 리더십에 대한 의구심이 제기되면서 재선에 실패했다. 카터 대통령이 재선에 출마했을 때, 당시 상대 후보였던 로널드 레이건은 예비 선거부터 총선까지 계속해서 같은 톤으로 카터 대통령을 공격했었다.

공화당이 끊임없이 입법적 사안에 공격을 가하고 있는 가운데, 클린턴은 과거와 같은 실패를 되풀이하지 않기 위해서 가능한 신속하게 많은 기금을 모으는 전략을 세웠다. 기금 조성을 통해 효과적으로 입법적 사안에 대한 공격을 저지할 수 있을 것이라 생각했고 그 예상은 그대로 적중했다. 빌 클린턴은 1996년 이후 다른 민주당원으로부터 별다른 공격을 받지 않았다.

1996년도 대선 당시 빌 클린턴의 상대 후보는 공화당의 밥 돌이었다. 그는 상원 다수당 대표로 또 다른 상대 후보로는 로스 페로가 있었다. 일각에서는 로스 페로가 1992년 대통령 선거에 출마하는 바람에 부시의 재임이 실패했다고 주장한다. 이런 주장에 따라 밥 돌 진영은 로스 페로를 대통령 후보 토론회에서 제외시키고 뒷선으로 물러나게 만들었다. 로스 페로에게는 선거 광고만이 유권자들에게 자신을 알릴 수 있는 유일한 수단이었다. 하지만 선거 유세 기간 동안 각종 토론회에서 제외되고, 한때 뚜렷한 이유 없이 선거 후보에서 탈퇴했다가 다시 출마 의사를 번복한 행동들은 대중에게 안 좋은 인상을 남겼다. 밥 돌 후보는 선거 유세 기간 전에 발생한 대통령과의 예산 전쟁 때문에 이미지에 큰 타격을 입었다. 또한 클린턴은 50살인 자신과 73살 고령의 밥 돌의 나이 차이를 부각시키는 데 성공했다.

1992년 대선과 달리 1996년 대선에서는 힐러리 클린턴의 역할이 현저하게 줄어들었다. 선거 유세가 있기 몇 달 전부터 영부인은 대중의 시야에서 사라졌다. 그녀는 딸과 여행을 하거나 자신의 저서 《집 밖에서 더 잘 크는 아이들》의 출간 홍보를 할 때만 모습을 드러냈다. 힐러리 클린턴은 영부인 시절, 소극적인 역할에만 머무르지 않았다. 빌 클린턴의 재임 기간에는 뒤로 물러나 있었지만, 그녀의 오랜 관심사인 여성과 어린이의 권익을 위해 지속적으로 노력했다. 선거 유세 기간에 힐러리 클린턴이 모습을 완전히 감추었던 것은 아니지만, 대중에게 비춰지는 모습에 있어서 1992년 대선과는 분명 차이가 있었다.

1994년 의회 중간 선거 후 클린턴 부부는 아칸소에서 일할 때부터 알던 딕 모리스 정치 고문에게 재임 선거 운동을 구상하는 일에 참여해 줄 것을 부탁했다. 모리스의 조언은 종종 논쟁의 대상이 되곤 했다. 예를 들어, 모리스는 클린턴에게 선거 운동 참모들이 중요시 여기는 사안들에 대해 더욱더 보수적인 입장을 취하라고 충고했다. 그러나 이런 충고들은 백악관 내의 분열을 키우는 결과를 초래했다. 당내의 반대 목소리에 대응하기 위해 클린턴 대통령은 모리스, 백악관 참모진, 그리고 부통령과 매주 전략회의를 가졌다.

하지만 힐러리 여사는 이런 회의에 참석하지 않았다. 왜냐하면 회의에 참석했을 경우, 영부인의 지위를 정치적 목적을 위해 부당하게 이용한다는 인식을 줄 우려가 있었기 때문이다. 힐러리 여사를 전략 회의에서 제외시킨 결과, 건강보험 개혁은 실패하고 '화이트워터' 사건 수사도 계속 진행되었다. 예상했듯이 영부인이라는 지위는 힐러리 여사가 건강보험 개혁을 적극적으로 추진하는 데 걸림돌이 되었다.

1996년, 좀 더 보편적인 영부인 역할을 수행하기 위해 힐러리 여사는 민주당 전당 대회에서 연설을 했다. 그 자리에서 영부인은 자신의 자녀 양육과 공동체 전반에 관한 이야기, 그리고 남편에 대해 이야기했다. 그녀는 차분하고 조용한 어조로 말했으며 특정 정치 사안에 대한 자신의 견해를 내세우지 않았다. 그녀의 연설은 언론의 호평을 받기에 충분했다.

빌 클린턴은 상대 후보인 밥 돌과 로스 페로를 가뿐히 제치고 재선에서 승리를 거뒀다. 선거 기간에 대중 매체를 장악하던 클린턴의 힘은 선거 결과에 유리하게 작용했다. 언론 매체는 시청률을 올리기 위해 1996년 선거 유세에 관한 내용을 줄이기로 했고, 이와 같은 언론의 결정은 클린턴에게 득이 되었다. 이는 빌 클린턴 49.2%, 밥 돌 40.8%, 로스 페로 8.5%의 표를 얻는 결과로 나타났다.

클린턴은 두 차례의 대통령 임기 동안 복잡한 입법 의제들을 떠안았다. 그는 이 의제를 성공시키기 위해 종종 개인적 차원에서의 접근을 시도했다. 국회의원들과 정기적 모임을 갖고 많은 수의 의원들에게 직접 전화를 걸었으며, 심지어 역대 대통령 중 국회의사당을 가장 많이 방문하기도 했다. 뿐만 아니라 기회가 있을 때마다 정책 의제를 국민들에게 알렸다. 클린턴이 입법적으로 가장 큰 성공을 이룬 대통령 중 한 명이 될 수 있었던 주요 원인은, 이처럼 세심한 것에도 주의를 기울이는 태도 때문이었다.

1996년 대통령 선거가 있기 직전, 빌 클린턴은 복지 개혁 법안을 통과시키고자 했다. 이에 대해 많은 참모진과 내각 의원들은 부정적이었다. 왜냐하면 그 법안이 빈곤층에게 안전망을 구축해 주지 못한다고 생각했기 때문이다. 하지만 그들은 좋은 정책을 위해 신경 쓰기보다는 재임에 유리한 방향을 택했다. 그래서 클린턴 대통령이 법안에 사인하도록 허락했다.

클린턴이 재임에 성공한 이후에도 힐러리 여사는 정책 의제들에 대한 자신의 견해를 대중에게 잘 드러내지 않았다. 하지만 백악관 서관에 있는 그녀의 집무실은 그대로 유지했다.

두 번째 임기 동안, 힐러리 여사는 멜란 버비어를 새 비서실장으로 임명했다. 외부 사람들을 잘 신뢰하지 않는 힐러리 여사에게 버비어는 신뢰감을 주는 오랜 친구였다.

1997년에도 힐러리 여사는 클린턴 정부의 대외 정책 목표를 달성하는 데 있어 중요한 지역들을 방문했다. 또한 그해 10월에는 보육 관련 사안들을 위한 컨퍼런스를 개최하기도 했다. 이번 보육 관련 컨퍼런스는 클린턴 대통령 뒤에서 힐러리 여사가 어떤 역할을 하는지 가늠할 수 있었다는 점에서 흥미로웠다. 힐러리 클린턴은 보육 의제 입법 과정에는 참여하지 않았지만, 보육은 클린턴 대통령이 1996년에 법안을 통과시킨 복지 개혁과 함께 거론한 의제들 중 하나였다. 일각에서는 대통령이 재임하면 영부인이 예전처럼 복지 개혁에 대해 공식적으로 역할을 수행할 것이라고 추측했다. 하지만 백악관 참모진들은 이를 공개적으로 반대했다.

힐러리는 백악관에 있는 동안 정책 문제를 해결할 때 구체적인 역할을 맡지는 않았다. 하지만 의제에 대한 자신의 의견을 공개적으로 피력하거나 때때로 대중들을 설득하기도 했다. 이처럼 힐러리 여사는 계속해서 무대 뒤에서 영향력을 행사하고 있었다.

예를 들어, 그녀는 백악관 원로 참모들과 함께 한 기자 회견에서도 해외 원조에 더욱 많은 지지를 보내줄 것을 촉구했다. 그녀는 해외 원조를 늘리는 일이 매우 중요하다고 주장했다. 그 이유는 다른 나라들이 자국 국민을 더 잘 보살피게 되고, 전염병이나 테러의 위험도 줄어들고, 또 세계적으로 평화를 유지하기 위해서라고 했다. 1998년 중앙아메리카 순방 시, 또 한 번 그녀의 영향력을 엿볼 수 있었다. 그녀는 허리케인 미치에 타격을 입은 중앙아메리카 나라들에 대한 원조를 늘릴 것이라고 공표했다. 또한 그녀는 팔레스타인 국민들이 국가를 가질 수 있도록, 중앙아시아에 평화를 정착시키는 일에 오래전부터 관심이 있었다고 공개적으로 밝혔다.

　힐러리가 두 번째 임기 동안, 백악관에서 영부인으로서의 역할을 확실하게 보여 준 한 가지 현상이 있었다. 바로 그녀가 대외 정책에 관하여 점점 더 많이 관여했고 관심도 늘었다는 것이다. 그녀는 남편 대신 딸 첼시와 동행하며 여러 국가를 방문했다. 해외에서는 구체적인 정책을 내세워 옹호했다.

　최근 한 기사는 대외 정책에 관한 힐러리 여사의 관심사와 전문 분야를 다루고 있다. 이 기사는 힐러리의 대외 정책과 또 한 명의 웰즐리 대학 졸업생인 매들린 올브라이트 국무장관의 대외 정책을 면밀하게 비교 분석했다. 또한 힐러리 여사의 대외 정책에 대한 영향력도 다루고 있다. 가령, 클린턴 대통령이 발칸 반도에 대한 군사적 개입 여부를 두고 어려운 결정을 내려야 했던 적이 있다. 여기에서 자명한 사실은 힐러리 여사는 개입하자는 쪽의 입장을 지지했고 남편이 이 결정을 따르도록 압력을 가했다는 것이다.

　영부인 시절 힐러리 여사는 전력을 다해 바쁘게 일했다. 이 사실은 누구도 부인할 수 없을 것이다. 그녀는 자신이 중요하게 생각하는 의제에 대해서는 적극적으로 지지하는 모습을 보였다.

국민들은 백악관에서 정책을 고안할 때 영부인이 공식적으로 가담하는 것에 대하여 불만을 드러내고는 했다. 이럴 때마다 힐러리 여사는 미국 국민의 구미를 맞추면서 정책에 영향력을 행사하는 방안을 찾아내곤 했다.

대부분 사람들은 재임 이후 클린턴의 대통령 생활이 수월할 것이라 예상했다. 하지만 두 번째 임기 동안 문제는 더 많이 발생했다. '화이트워터' 사건 조사 결과 혐의는 인정되지 않았지만, 이와 관련해서 새로운 스캔들이 터졌다. 1998년 가을, 클린턴 대통령은 결국 탄핵소추되었다. 그리고 그해 클린턴 부부에 관한 뉴스 대부분은 '화이트워터' 사건과 클린턴 대통령과 모니카 르윈스키의 관계에 관한 것이었다.

모니카 르윈스키 스캔들

클린턴 정부는 수많은 스캔들과 맞닥뜨렸다. 그 중 대통령직에 가장 큰 위협을 가했던 사건은 모니카 르윈스키 스캔들이었다. 클린턴 대통령이 혼외정사를 한 과거가 있다는 사실은 널리 알려져 있었지만, 단지 과거의 일일 뿐이라는 것이 국민 대다수의 생각이었다. 설령 그렇다고 하더라도 대통령의 개인적 행동이 탄핵으로 이어질 것이라고는 아무도 생각지 못했다.

1992년 선거 이후 새로운 간통 사건은 없었다. 언론이 보기에는 대통령은 지극히 모범적인 생활을 하는 듯했다. 하지만 실상은 그렇지 않아서 르윈스키와의 관계가 처음 보도되었을 때 빌클린턴은 본능적으로 과거에도 통했던 방법을 사용했다. 스캔들을 전면 부인하는 것이었다. 힐러리 여사 역시 태연하게 행동하며 남편을 방어했다. 르윈스키 사건의 경우, 처음에는 힐러리 여사도 그 둘의 관계를 제대로 인식하지 못한 듯했다.

힐러리 여사는 방송에서 그 관계를 완강하게 부인했다. 자신의 남편을 대통령직에서 박탈시키기 위한 '우익 세력의 거대한 음모'라며 비난하기도 했다. 빌 클린턴은 부인이 '투데이쇼'에 나가 자신과 인턴사원의 관계를 강력하게 부인하는 것을 두고 보기만 했다. 이후 남편을 옹호하던 힐러리는 남편의 스캔들이 사실이었음을 알게 된다.

예전에 폴라 존스가 빌 클린턴을 상대로 민사소송을 낸 적이 있다. 이것이 빌 클린턴의 공개적 스캔들의 시초였다. 폴라 존스는 아칸소 주 정부의 직원으로, 빌 클린턴이 아칸소 주지사 시절에 자신을 성희롱했다고 주장했다.

1992년 선거 당시 잡지 《아메리칸 스펙테이터》는 클린턴이 바람을 피웠다는 내용의 기사를 게재했다. 폴라 존스는 기사가 언급한 여자 중 한 명이었다. 클린턴 주지사를 보호하는 임무를 맡은 주 정부 소속의 한 경찰관에 따르면, 존스는 클린턴 주지사를 부도덕적 행위로 고소한 여러 여자들 중 한 명이라는 것이다. 또한 존스는 자신이 한때 빌 클린턴의 정부가 되고 싶었다고 말한 것으로 전해진다. 이런 내용의 기사가 나온 후, 빌 클린턴의 혼외정사 증거를 제시한 주 정부 경찰관이 당시 클린턴 주지사에게 불만을 품고 있었음이 밝혀졌다. 그 결과 경찰관의 주장은 타당성을 잃었다.

그러나 폴라 존스는《아메리칸 스펙테이터》의 기사가 자신의 신분을 철저히 보호해 주지 못했다고 주장했다. 따라서 그녀의 친구나 가족이 그 기사에 언급된 폴라가 자신이라는 것을 알아챘다고 말했다. 폴라 존스는 보수정치활동위원회CPAC 회의에서 기자 회견을 열고 자신이 그 기사에 언급된 여성임을 공개적으로 밝혔다. 그 후 클린턴 대통령을 성추행 혐의로 고소했고, 1994년 5월 소송을 제기했다. 이에 클린턴 측은 법정 밖에서 평화적 해결을 위한 조치를 취하는 대신 소송이 계속 진행되도록 내버려 두었다. 이런 선택을 한 이유는, 법정 밖에서 문제를 해결하려고 하면 앞으로도 이와 비슷한 소송이 계속 제기될 것이고, 그때마다 고소인들이 법정 밖에서 문제를 해결하려고 할 수 있기 때문이었다.

　클린턴 부부는 아마도 소송이 계속 진행되도록 내버려 둔 것을 후회했을지도 모른다. 그들은 존스가 어떤 피해도 입지 않았기 때문에 소송이 계속 진행되지 않을 것이라 예측했다. 존스는 단 한 발자국도 물러서지 않으려고 했지만, 성희롱을 증명할 증거도 없었다. 또한 클린턴 부부는 존스가 우파 성향의 억만장자인 리차드 멜론 스캐이프의 후원을 받고 있다는 것을 알았다. 그는 클린턴 대통령을 극도로 싫어했다. 하지만 소송은 계속 진행되었고, 존스 측 법률 팀은 클린턴 대통령을 포함한 증인들로부터 증언을 받아냈다. 증언을 통해서 클린턴 대통령은 모니카 르윈스키와의 관계에 대해 의심을 받았다. 이후 그는 이 사실을 부인했지만 위증죄는 클린턴 대통령이 탄핵 소송을 당하는 근거가 되었다.

　'화이트워터' 사건의 특별 검사는 자넷 리노 법무장관에게 클린턴 대통령 수사의 범위를 넓혀 달라는 구체적인 내용의 탄원서를 제출했다. 그 후 위증죄라는 새로운 주장에 대해서 조사할 수 있는 권한을 부여받았다. 수사가 종결될 무렵 일각에서는 케네스 스타 특별 검사가 클린턴 부부에게 개인적 원한이 있을 것이라는 의견이 나오기도 했다.

클린턴 대통령이 르윈스키와의 관계에 대해 거짓말을 했다는 사실이 밝혀졌다. 이에 힐러리 클린턴은 늘 그래 왔듯이 상황을 사적으로 해결했다. 여기서 주목할 점은 그녀가 더 이상 공개적으로 남편을 옹호하지는 않았지만, 그렇다고 공개적으로 그에게 비판을 가한 적도 없었다는 것이다. 대신 그의 곁에 남음으로써 남편을 향한 묵언의 지지를 보여 주었다.

언론은 두 사람의 관계가 어떻게 진행되고 있는지 알아내는 데 혈안이 되었고, 시민들도 그들의 결혼생활에서 불협화음을 찾아보려고 애썼지만, 그러한 흔적은 거의 찾을 수 없었다. 그러나 힐러리 클린턴의 말에 의하면, 그때가 결혼생활 중 가장 힘든 시기였다고 한다. 지극히 개인적인 사건을 공개적으로 처리해 나가기 위해 그녀가 가진 모든 정신력을 동원해야 했다고 말했다.

설상가상으로, 클린턴 대통령이 모니카 르윈스키와의 관계를 시인하고 얼마 안 되어 클린턴 부부는 딸 첼시와 함께 마서즈 빈야드로 휴가를 떠나야 했다. 원래 의도한 대로 편안한 휴가는 아니었지만, 그녀는 워싱턴을 떠나서 남편이 야기한 문제에 대해 생각해 볼 수 있었다. 그해 여름의 끝 무렵, 그녀는 최소한 남편 빌 클린턴을 위해서는 아니더라도 대통령 빌 클린턴을 위해서 싸울 용의가 있었다.

대통령과 인턴사원의 스캔들은 이제 미국 정치 역사상 전설이 되었다. 빌 클린턴과 모니카 르윈스키의 관계에 대한 기사와 책이 나온 것은 물론이고, 1800년대 이후 첫 번째로 탄핵소추 당한 대통령으로 역사의 한 자리를 차지하기도 했다. 하원에서 탄핵소추 되었으나 상원에서 유죄 판결을 받지 않았다. 따라서 남은 대통령 임기를 마칠 수 있었으며, 1999년 2월을 끝으로 이 스캔들은 상원에서 마무리됐다. 클린턴 부부는 이 사건을 기억에서 지우고 싶었을 것이다.

여기서 주목할 점은 이 스캔들이 진행되는 동안 여론이 클린턴 부부를 등지지 않았다는 것이다. 모니카 르윈스키 스캔들이 처음 터졌을 당시, 미국인 대부분은 클린턴 대통령이 거짓말을 하고 있다고 짐작했고, 대통령의 지지율도 61%에서 51%로 9% 가량 하락했다. 하지만 지지율은 다시 상승해 마침내 70%를 웃돌았고, 이는 역대 대통령 지지율로는 최고치였다. 하원에서 탄핵 절차가 진행되고 상원에서 판결이 날 때까지 클린턴 대통령의 지지율은 60%대에 머물렀다. 그리고 대통령을 내쫓으려는 움직임도 거의 없었을 뿐만 아니라, 이 시기 힐러리 여사의 지지율도 매우 높았다.

클린턴 대통령과 영부인의 엄청난 지지율은 다음의 몇 가지 요인에서 비롯된 것으로 보인다.

1. 대통령 선거에 출마한 1992년 당시와 비교 했을 때 경제 상황이 좋아 국민들이 훨씬 낙관적이었다.

2. 일반적으로 클린턴 대통령은 의제가 있을 때마다 지지율이 높았다. 건강보험과 같이 크게 실패한 몇몇 의제가 있기는 하지만 이를 제외하고는 그의 중도적 입장이 백악관에서 좋은 평가를 받았다.

3. 국민들은 클린턴 대통령에게 호의적이었다. 하지만 특별 검사인 케네스 스타에게는 그다지 호감을 느끼지 않았다. 대다수 미국 국민은 케네스 스타의 수사를 신뢰하지 않았다.

4. 미국 국민은 이 문제를 클린턴 부부 두 사람이 해결해야 할 사적인 문제로 보았으며, 여러모로 고통받고 있을 그들을 동정했다. 1999년 12월에 진행된 한 여론조사에 따르면, 미국 국민들은 이러한 스캔들을 피하는 최선의 방법으로, 도덕적으로 더 나은 대통령을 뽑는 것이 아니라 대통령의 사생활을 보호해 주는 것이라고 답했다.

부모로서의
클린턴 부부

언론은 클린턴 부부의 공개적인 활동과 사생활 모두에 대해 지대한 관심을 가진다. 하지만 놀랍게도 부모로서의 그들의 역할에 대한 보도는 거의 없다. 첼시 클린턴의 이름은 조니 미첼의 노래 '첼시의 아침'에서 따왔다. 첼시는 치열한 언론의 감시를 피해 왔다. 요즘 시대에는 개인의 모든 사생활이 언론의 먹잇감이 되곤 한다. 그럼에도 불구하고 첼시에 관한 기사가 헤드라인을 장식한 적이 거의 없다는 것은 꽤나 놀라운 일이다. 클린턴 부부는 빌 클린턴이 대통령이 된 당시 겨우 12살이었던 딸을 보호하기 위해 부단한 노력을 기울였다. 언론 스스로도 클린턴 부부가 딸의 사생활을 보호하고자 하는 마음을 존중했다는 점이 한몫했다.

클린턴 대통령의 첫 번째 임기 동안 첼시는 워싱턴에 있는 시드웰프렌즈 사립학교에 다녔다. 1997년도에 이 학교를 졸업한 후 스탠포드 대학에서 역사를 전공하며 학사 학위를 받았다. 첼시가 스탠포드 대학에 입학했을 때 언론은 비상한 관심을 보였다. 시기적으로 영국의 다이애나 왕세자비가 사망한 지 얼마 지나지 않았을 때였다. 당시 다이애나 왕세자비의 사망과 관련해 언론의 책임 여부가 민감한 사안이었다. 이런 분위기에 따라 언론은 첼시와 같은 유명인사의 사생활을 존중하고, 어느 정도 보도를 절제하는 모습을 보여 주었다. 흥미롭게도 그녀가 대학교에 입학한 이후, 그 학교의 학생 기자 한 명이 퇴출되었다. 그 학생은 첼시에 관한 기사를 보도하지 않는다는 학교 신문 클럽의 규정을 어겼다. 당시 그 학생 기자는 첼시가 다른 여느 학생들과 같은 동등한 대우를 받기 위해 학교 측이 취한 특별 조치에 대해 보도했었다.

첼시 클린턴이 공개적으로 부모님에 관해 이야기한 적은 없지만, 부모님과의 사이는 좋아 보였다. 대학 재학 시절 아버지의 대통령직 퇴임을 앞두고 백악관으로 돌아온 그녀는 부모님과 세계 여러 국가들을 방문했다. 실제로 어머니가 처음 치르는 상원의원 선거 운동으로 한창 바쁠 때, 첼시 클린턴은 아버지와 함께 아시아를 방문하기도 했다. 첼시는 클린턴 대통령이 퇴임을 몇 주 앞둔 시기에 영부인의 손님 접대 의무를 대신 수행하기도 했다. 당시 힐러리 여사는 이미 상원의원이 되어 있었다.

스탠포드 대학을 졸업한 후 첼시는 옥스퍼드 대학에서 국제관계학 석사 학위를 받았다. 맨해튼에 자리를 잡은 첼시 클린턴은 월가에서 금융업에 종사하면서 어머니와 함께 여러 캠페인에 동참하기도 한다.

영부인으로서의 발자취

힐러리 클린턴은 영부인의 역할을 바꾸어 놓았다. 이 사실은 그녀가 클린턴 대통령 재임 시절 이룬 가장 중요한 업적이라고 할 수 있다. 그러나 영부인의 역할에 변화를 가져온 것은 그녀가 처음은 아니다. 사실상 많은 사람들은 엘리너 루스벨트를 영향력 있는 영부인 역할 모델로 떠올린다. 하지만 힐러리 클린턴은 이전의 여느 영부인보다 한 단계 더 나아갔다. 그녀가 영부인으로서의 영역을 벗어났다는 평을 들을 때도 있었지만 그때마다 그녀는 자신만의 발자취를 남겼다.

힐러리는 대통령인 남편을 대신해 주로 세계 여러 국가를 방문했다. 또한 민주당의 기금 모금을 돕기도 했고, 마침내 스스로의 힘으로 상원의원에 당선되기도 했다. 물론 그녀 이후의 영부인들이 모두 그녀의 선례를 따르지는 않을 것이다. 로라 부시는 부시 대통령 재임 기간에 영부인으로서 힐러리 클린턴처럼 행동하지 않을 수도 있다. 물론 로라 부시는 읽기와 쓰기 능력 신장을 위한 운동의 옹호자였다. 이는 선생님과 사서라는 그녀의 과거 직업 활동의 연장선에서 이루어진 것이라 볼 수 있으며 정치인은 아니었다. 힐러리 클린턴이 백악관에 있는 동안 남긴 발자취 덕분에 그다음 영부인은 직업여성이라고 해도 비판이나 회의적 발언을 덜 듣게 될 것이다.

입법적 차원에서 클린턴 정부는 꽤 성공적이었다 할 수 있다. 빌 클린턴 정부가 초기에 지지했던 많은 정책들이 법안을 통과했기 때문이다. 건강보험과 같은 큰 실패가 눈에 띌 수도 있지만, 전반적으로 다른 여느 대통령보다도 많은 성공을 이뤘다고 할 수 있다. 클린턴 대통령이 퇴임할 당시 그에 대한 지지율은 높았고 경제는 활기를 띠었다. 하지만 도덕적인 면에서 그의 이미지는 실추되었다. 클린턴 대통령이 퇴임하면서 약속했듯이 이제는 힐러리 여사의 일이 우선순위가 될 시간이 왔다.

두 부부가 백악관을 떠나기 전부터 힐러리 클린턴을 위한 뉴욕 상원의원 만들기 작전은 이미 시작되었다.

"예기치 못한 일이 우리 앞에 닥쳤을 때
대처할 수 있는 유일한 보험은
최대한 철저하게 준비해 놓는 것이다."

힐러리 클린턴

제7장

힐러리 여사,
워싱턴에 가다

　영부인 시절 이후 힐러리 클린턴은 두 번의 선거를 성공적으로 치러 냈고, 이와 마찬가지로 핵심 상원의원으로서 임무도 성공적으로 해냈다. 선거 운동과 정치 활동은 각각 특성이 달라서 분리해서 보아야 한다. 선거 운동을 성공적으로 끝냈다고 정치인으로서의 성공이 보장되는 것은 아니다. 반대의 경우도 마찬가지다. 한쪽에서 요구되는 기술, 능력 그리고 장점이 다른 쪽에서도 통한다고 볼 수 없는 것이다. 다행히도 힐러리 여사는 두 분야 모두에서 뛰어난 능력을 지니고 있다.

　본 장에서는 힐러리 여사의 두 번에 걸친 상원의원 선거 운동에 대해서 다루고자 한다. 또한 상원의원으로서 보낸 첫 번째 임기 활동에 대해 분석해 본다.

2000년, 초선의원을 위하여

2000년, 힐러리 클린턴은 초선 뉴욕 상원의원으로 당선되었다. 그녀의 경쟁 후보는 그녀를 '뜨내기 출마자'로 낮춰 부르며 그녀가 뉴욕 출신이 아닌 외지인이라는 점을 부각시켰다. 하지만 상대 후보의 선거 운동은 용두사미로 끝났고, 결국 힐러리 여사가 55%의 표를 얻으며 당선되었다. 영부인의 상원의원 선거 운동은 그녀의 지지자들에게 용기를 준 반면, 그녀의 반대자들을 무력하게 만들었다. 그녀의 지지자들 중에는 흑인이 많았으며 그 흑인 지지자들의 90%는 빌 클린턴을 지지했다. 빌 클린턴은 흑인 사회에서 이례적으로 인기가 많았다. 이런 지지도가 대부분 힐러리 여사에게로 옮겨졌다.

힐러리 클린턴의 캠페인에서 주목할 만한 점은, 그녀가 흑인뿐 아니라 민주당 유권자들로부터도 많은 지지를 받았다는 것이다. 당시 상원의원 선거에서 민주당 유권자의 투표율은 지난 몇십 년 동안 가장 높은 투표율을 보였다. 뉴욕 북부의 공화당 지지율이 압도적임에도 불구하고 힐러리는 선거 운동을 할 때 뉴욕 북부에도 힘을 기울였다. 그녀는 상당히 많은 시간을 이 지역에 투자했다. 또한 힐러리 클린턴은 상대 후보인 릭 라지오의 형편없는 선거 운동 덕을 톡톡히 볼 수 있었다. 그는 선거에 뒤늦게 뛰어들었을 뿐만 아니라 자신이 뉴욕 출신이라는 점을 선거 내내 부각시킴으로써 선거에서 더욱 불리해졌다. 결국 라지오가 바랐던 상황과는 달리 뉴욕의 유권자들은 힐러리가 외지인이라는 사실이 문제가 되지 않는다고 생각했던 것이다.

여러모로 힐러리 클린턴은 압도적인 우승 후보였고, 그녀의 상대 후보는 뉴욕 출신이라는 것 외에는 뚜렷이 내세울 만한 점이 없었다. 릭 라지오의 근시안적인 선거 운동 전략은 이런 판세를 뒤집지 못했다. 그는 쟁점들에 대해 논의하는 대신 그녀가 타 지역 사람이라는 부분만 강조했다. 그는 첫 번째 토론회에서 힐러리 클린턴을 대할 때 이상하리만큼 공격적으로 나왔다. 라지오는 자신의 자질과 자신이 지지하는 쟁점 사안을 설명하는 것보다 그녀를 공격하는 데 더욱 치중함으로써, 자신이 당선되어야 할 이유를 제시하지 못했다. 선거 캠페인이 끝날 무렵, 언론은 라지오를 '작은 리키'라고 불렀다. 이 별명은 그의 낮은 위상과 존재감의 결여를 나타내 주었다. 반면 힐러리 클린턴은 16개월 동안 뉴욕 전 지역에 걸쳐 선거 운동을 펼쳤고, 이런 힘겨운 과정을 지나 마침내 뉴요커들의 존경과 지지를 얻을 수 있었다. 이렇듯 라지오는 그녀의 상대가 되지 못했다.

2000년 상원 선거를 제대로 이해하기 위해서는 뉴욕의 지리적 특성을 아는 것이 중요하다. 뉴욕 주는 뉴욕 북부와 뉴욕 남부로 나누어지는데 이 사실은 매우 중요하다. 이 두 지역의 정치적 문화는 큰 차이를 보인다. 공화당 후보와 민주당 후보의 경합에 있어서 지역에 따라 갈등의 성격도 달라진다.

뉴욕 북부는 농업을 중심으로 경제가 발달했으며 공화당을 주로 지지한다. 뉴욕 북부에 위치한 주요 기업들은 제록스, 코닝, 코닥 등이다. 뉴욕 남부와 다르게 뉴욕 북부는 주로 백인으로 구성되어 있다. 반면, 뉴욕 남부는 뉴욕 주의 중심지로서 민주당 지지율이 압도적이다. 또한 세계 금융의 수도 역할을 하며 다양한 인종의 사람들이 살고 있다.

뉴욕 북부와 뉴욕 남부의 이런 차이는 캠페인 전략을 결정하는 중요한 요소가 된다 뉴욕 북부 사람들은 뉴욕 남부 사람들을 신랄하게 비판하며 미워했다. 뉴욕 북부와 뉴욕 남부 뉴요커들은 문화와 경제적인 면에서 큰 차이를 보인다. 2000년 선거에서 후보들이 가장 주목했던 점은 뉴욕 북부 뉴요커들이 뉴욕 남부 뉴요커들보다 더 심각한 경제 위기를 맞고 있다는 사실이었다.

민주당원들은 흑인, 라틴계, 아시아인, 그리고 유대인들이 많이 사는 뉴욕 남부가 그들의 지지 기반임을 알고 있었다. 그래서 이 지역의 투표율은 민주당 후보에게 중요했다. 민주당 후보가 민주당 유권자들을 투표소로 끌어오기만 하면 공화당 후보를 이길 확률이 높았다.

등록된 민주당 유권자 수는 공화당 유권자 수보다 무려 200만 명이나 많다. 따라서 뉴욕 주는 민주당이 무난히 이길 수 있는 민주당의 표밭으로 인식되었다. 실제로 클린턴 대통령은 두 번의 대통령 선거에서 뉴욕 주의 압도적인 지지를 받았으며, 뉴요커들로부터 지속적으로 지지를 받았다. 상원의원 다니엘 패트릭 모너헌이 떠난 뉴욕 상원 자리에 힐러리가 출마를 결심한 이유는 아마도 남편이 받은 지지율 때문이었을 것이다.

하지만 남편의 유명세만을 믿고 힐러리가 선거에 뛰어든 것은 아니다. 뉴욕은 지속적으로 대통령 선거에서 민주당을 지지했다. 뉴요커들은 공화당 조지 파타키를 세 번이나 뽑았으며, 주지사 선거에서 공화당 루디 줄리아니도 두 번 당선시켰다. 그러나 힐러리 클린턴은 그녀가 영부인이라는 점과 강력한 민주당 의원이라는 점을 활용할 수 있을 거라고 생각했다. 앨 고어가 2000년 대통령 선거 당시 클린턴 정부와의 연관성을 부각시키지 않은 반면, 힐러리 여사는 이 점을 적극적으로 강조했다.

2000년 상원 선거 때 힐러리의 상대 후보인 공화당 릭 라지오는 루디 줄리아니의 갑작스런 출마 포기로 인해 뒤늦게 선거에 합류했다. 전립선암 진단을 받은 줄리아니는 공화당 정당 후보 지명 대회가 끝난 지 11일 만에, 그리고 상원 선거 5개월 전에 출마를 포기했다.

라지오는 신속히 줄리아니를 대체하는 후보로 선정되었다. 라지오는 서퍽 카운티를 대표하는 하원 의원으로서 8년간 의원직을 맡은 노련한 의원이다. 라지오는 8년 동안 의원으로서 활발히 활동했으며 높은 득표율 기록을 갖고 있었다. 브래디 법 Brady Bill: 권총 구입 시 사전에 조사 기간을 마련하도록 규정한 법률—옮긴이 , 가족 휴직, 파업 노동자 대체법과 같은 사회적인 문제에서 그는 보다 전통적인 민주당론과 뜻을 같이했다. 라지오는 의회에서 열심히 일했으며 유권자들의 입장을 성공적으로 대변했다. 8년간의 의원 활동을 끝낸 그는 상원의원직에 도전할 만한 정치적 경험을 충분히 갖추고 있었다.

반면 힐러리 클린턴은 정치적으로 노련하고 경험이 많았지만, 입법 정치면에서는 내세울 만한 경험이 별로 없었다. 그녀의 정치 경험은 주로 젊었을 때 정치 운동가로 활동했던 일과 건강보험 개혁 등의 정책 제안에 참여했던 정도의 일이었다. 그녀는 여성과 아동의 열렬한 옹호자로 인권 향상을 위해 전 세계를 돌아다녔지만, 입법과 관련된 경험은 전혀 없었다.

정치학자들은 선거 후보 자격을 갖춘 그룹과 그렇지 않은 그룹으로 나눈다. 자격을 갖춘 후보는 정치인으로 선출된 경험이 있고 인지도가 높은 후보들이다. 이런 점에 비춰 봤을 때 힐러리와 라지오의 대결에서 흥미로운 사실을 발견할 수 있다. 라지오는 정치인으로 활동한 경험을 갖추었지만 그의 지역구를 벗어나면 인지도가 없는 반면, 힐러리는 정치인으로 선출된 경험은 없지만 인지도는 높다는 사실이다. 논란의 여지가 있는 주장이기는 하지만, 뉴욕처럼 큰 주에서는 인지도가 경험보다 중요하다. 특히 인지도가 높으면 국제적으로 또는 다양한 계층에서 자금을 확보할 수 있기 때문에 더욱 유리해진다.

모너헌 상원의원이 은퇴하기 전 힐러리 여사에게 상원의원직에 출마하라는 제안을 했다. 1998년 10월에는 할렘을 대표하는 찰리 란젤 하원 의원 역시 힐러리 여사에게 뉴욕 상원 선거에 출마할 것을 제안했다. 그녀는 한동안 출마에 대한 입장을 밝히지 않은 채, 미국을 일주하며 사람들의 조언을 듣는 여행을 시작했다. 그리고 마침내 상원의원 선거에 뛰어들기로 결심했다.

힐러리는 라지오가 상대할 수 있는 수준의 후보가 아니었다. 선거는 언제나 도전과 함께 하기 마련이지만, 힐러리 클린턴이라는 벽은 결코 넘을 수 있는 장애물이 아니었다. 게다가 라지오는 그가 후원했던 법안으로부터도 도움을 얻지 못했다. 라지오는 경제적으로 어려운 여성들의 유방암 치료를 위한 자금을 늘리는 법안을 지원했다. 일반적으로 이런 법안은 로즈가든 행사에서 법안 후원자들이 참석한 가운데 대통령의 서명을 받는 식이다. 이러한 행사를 통해 라지오는 법안을 통과시킨 공을 내보일 수도 있으며, 상원에서도 계속해서 성공적인 의원직을 수행할 수 있음을 증명해 보일 수 있다. 그러나 당시 대통령이 라지오 상대 후보인 힐러리 여사의 남편이기도 한 까닭에 그 행사에 참석하지 못했다. 대신 대통령은 법안을 비공개적으로 서명했고, 법안 통과 축하 행사는 상원 선거 이후로 연기됐다.

두 상대 후보의 차이를 보여 주는 또 다른 요소는 바로 자금이다. 앞에서 언급했듯이 힐러리 클린턴은 백악관 연줄을 이용해 많은 돈을 모을 수 있었다. 힐러리는 53살 생일에서 보석 같은 선물을 받는 대신 200만 달러를 모으는 기금 모금 행사를 가졌다.

영부인이 선거에 출마한 드문 상황에도 불구하고 선거 캠페인은 뉴욕 북부와 남부의 대결 양상을 보였다. 힐러리 클린턴은 뉴욕 북부가 겪고 있는 어려움을 이해하는 모습을 보이기 위해 많은 노력을 했고, 경제 문제를 해결하기 위한 계획을 구상했다. 반면, 라지오는 뉴욕 북부에는 관심이 없었다.

라지오는 힐러리와의 세 번에 걸친 토론회에서 뉴욕 북부의 경제가 전환점을 돌았으며 회복되고 있다고 주장했다. 일자리 감소와 해고율의 증가를 직접 느끼는 지역 주민들은 라지오의 주장에 이의를 제기했다. 라지오는 선거 운동이 막바지에 접어 들면서 전통적으로 그의 지지 기반이었던 뉴욕 북부로부터 지지 를 얻기 어렵다는 걸 알아차렸다. 힐러리 클린턴은 라지오가 뉴 욕 북부를 가볍게 보아 넘긴다는 점을 이용했다. 일례로 광고에 서 뉴욕 북부를 간과한 라지오를 모래에 머리가 박혀 있는 타조 로 표현했다.

반면 라지오는 언론을 통해 힐러리 클린턴이 타 지역 사람이 라는 점을 부각시키면서 자신의 의원직 경험을 보여 주려고 노력 했다. 라지오와 힐러리는 뉴욕의 지리적 특성 차이에 따른 선거 운동 전략을 추진하는 것뿐만 아니라, 유대인들의 환심을 사려고 노력했다. 이 두 후보자는 서로 핵심 선거 지역에서 이기기 위해 유대인들에게 자신들이 이스라엘을 지지할 것임을 강조했다.

힐러리 클린턴에 맞서 싸우는 라지오의 주요 전략은 그녀에게 '뜨내기 출마자'라는 꼬리표를 붙이는 것이었다. 그녀를 비판하는 사람들은 그녀가 뉴욕에서 출마하기로 한 이유가 오직 그녀의 야심찬 대통령 출마 계획 때문이라고 주장했다. 반면, 힐러리의 지지자들은 그녀의 주요 활동지이던 일리노이나 아칸소에서는 2000년 상원 선거가 치러지지 않는다는 점을 상기시켰다. 따라서 현재 뉴욕 상원의원직이 공석이고 그녀의 남편이 뉴욕에서 높은 지지율을 얻는다는 점을 고려하면, 그녀가 뉴욕을 선택한 것은 일리가 있다고 주장했다.

힐러리 클린턴은 타 지역 출신으로 뉴욕 상원 선거에 도전한 첫 번째 후보가 아니었다. 1964년 로버트 케네디는 뉴욕과 이웃한 주에 연고를 두고 있었지만 성공적으로 뉴욕 상원 선거를 치렀다.

힐러리 클린턴은 55% 대 43%라는 12%의 격차로 선거에서 이겼다. 그녀의 승리에 모두들 놀라워했다. 라지오는 그녀를 절대적으로 반대하는 사람들을 제외하고는 다른 유권자들을 끌어모으는 데 실패했다. 그는 투표자들에게 그가 뽑혀야 할 이유를 설득력 있게 제공하지 못했다. 대신 그는 힐러리 여사를 비난하는 일에만 힘을 쏟았는데, 이 전략은 결과에서도 알 수 있듯이 성공적이지 못했다.

힐러리를 반대하기 때문에 라지오를 뽑은 사람들은 라지오의 선거 전략과 관계없이 이미 그를 뽑기로 작정한 사람들이다. 하지만 힐러리 클린턴이 타지 출신이라는 점에 신경 쓰지 않는 유권자들에게는 라지오를 뽑아야 할 정당성이 필요했다. 힐러리 여사에게 확신을 갖지 못한 사람들은 투표를 하지 않거나 결국 그녀를 뽑았다. 그 이유는 그녀가 선거 유세 동안 초점을 둔 쟁점 사안들 때문이었다.

그녀는 소위 뜨내기 출마자라는 이미지에도 불구하고 뉴욕 사람들에게 자신이 당선되어야 할 이유를 확실히 제시했다. 그 결과, 영부인은 평소 그녀를 싫어한다고 주장한 사람들의 표까지도 얻을 수 있었다. 가장 놀라운 사실은 비록 50% 대 49%라는 1%의 차이긴 하지만, 그녀가 뉴욕 북부에서 이겼다는 것이다. 라지오가 이 지역에서도 패배했다는 사실을 통해 그의 선거 유세 전략이 비효율적이었다는 것을 알 수 있다.

뉴욕 북부는 이 선거가 끝난 후에도 계속 공화당을 적극 지지했다. 뉴욕 북부를 대표하는 13명의 하원 의원 중 9명이 공화당 출신 의원이다. 그러나 힐러리가 상원 선거에서 성공했듯이 주 단위의 선거에서도 뉴욕 북부가 당연히 공화당을 지지할지는 알 수 없다. 그녀는 자신의 경험과 성공을 이렇게 표현했다.

"62개의 카운티, 16개월이라는 시간, 세 번의 토론, 2명의 상대 후보, 6벌의 바지 정장 그리고 드디어 우리가 이 자리에 섰습니다!"

181

2006년, 두번째 선거

언론의 집중 조명을 받았던 2000년 선거와는 대조적으로 힐러리 클린턴의 2006년 선거는 그다지 주목을 끌지 못했다. 그녀의 상대 후보는 전 용커스 미국 뉴욕 주 남동부에 있는 도시—옮긴이 시장인 존 스펜서였다. 힐러리 클린턴이 3,600달러를 선거 자금으로 쓴 반면, 스펜서는 500만 달러만 사용했다. 이 두 후보의 선거 자금을 합친 금액의 규모 때문에 뉴욕 상원 선거는 미국에서 가장 비용이 많이 든 선거로 기록되었다. 흥미로운 사실은 스펜서가 그다지 강력한 경쟁 후보가 아님에도 힐러리 클린턴이 그렇게 많은 돈을 사용했다는 것이다. 결국 그녀는 67%의 득표율을 얻으며 선거에서 승리했다. 그녀는 다른 민주당원들의 하원 선거에 기부금을 내기도 했고, 미국 전역을 방문하는 데 경비로 쓰기도 했다. 하지만 기금 기부자들에게 꽃과 감사 편지를 보내는 데 1만 3,000달러, 대리 주차비로 2만 7,000달러를 사용했다. 이는 광고비로 1,700달러를 사용했다는 것보다 더욱 놀라운 사실이다. 이런 지출은 그녀의 활동에 큰 타격을 주었다. 대규모의 지출을 해 버려서 향후 대통령 선거를 위해 쓸 수 있는 자금이 줄어든 것이다. 그러나 힐러리 상원의원은 상대 후보를 상관하지 않고, 국가적 쟁점 사안들에 초점을 맞춰 토론을 벌이는 여유를 보였다.《뉴욕타임스》는 그녀의 출마를 지지하며 다음과 같은 기사를 내 보냈다.

"공화당 후보는 단지 전에 맡았던 용커스 시장직을 다시 차지하기 위해 이 선거에 뛰어들었다는 소문이 있다. 이런 소문으로 보아서도 그가 당선될 가능성은 희박하다는 것을 알 수 있다."

더 나아가 《뉴욕타임스》는 힐러리가 뉴욕의 쟁점 사안들을 잘 알고 있으며, 재임될 경우 공화당원들과 조화롭게 일을 처리할 수 있는 방법을 터득했다고 전했다. 또한 그녀가 이제 상원의원으로서의 사명을 제대로 파악했다는 기사를 썼다.

공화당은 힐러리 여사에 맞설 강력한 후보를 찾는 데 실패했다. 아마도 존 스펜서가 언론의 주목을 끌 수 있었던 가장 큰 이유는 다음과 같은 발언을 했기 때문일 것이다.

"힐러리 여사는 수백만 달러를 지출한 덕분에 못생긴 오리 새끼에서 그나마 봐줄 만한 59살 여성의 모습을 갖추게 되었다."

이 발언은 유권자들이 후보를 선택할 때 고려할 사항과 전혀 관계가 없을 뿐만 아니라 성차별적 발언으로 많은 공격을 받아야 했다.

공화당이 힐러리 클린턴을 이길 만한 강력한 후보를 내세우지 못했다는 것은 놀라운 일이 아니다. 상원 선거와 같은 국회 선거에서는 후보의 재임 여부가 가장 중요한 요소이다. 대부분의 하원 및 상원 선거 후보들에게는 초선이 가장 힘들다. 일단 초선에 성공하고 재선에 도전할 경우, 많은 의원들은 재임을 확신한다.

힐러리 상원의원은 존 스펜서에게 없는 높은 인지도를 갖고 있었다. 대부분의 뉴욕 사람들은 힐러리 의원의 상대 후보가 누군지도 몰랐다. 이러한 2006년 선거는, 척 슈머 상원의원이 무명인사인 하워드 밀즈와 대결했던 2004년 선거와 유사하다. 슈머가 재임에 성공한 사실은 당시 뉴스거리가 되지 못했다. 공화당은 어느 선거구에 집중할지 전략을 세우는 과정에서 척 슈머나 힐러리 클린턴과 대결하는 것은 현명한 투자가 아니라는 것을 알았다. 대신 공화당 후보가 승리할 확률이 높은 곳에 투자하는 게 더 낫다고 생각했다. 따라서 존 스펜서나 하워드 밀즈는 공화당으로부터 전폭적인 지원을 기대할 수 없었다.

여기서 우리는 힐러리 클린턴이 왜 그토록 많은 돈을 지출했는지 질문해 봐야 한다. 경쟁은 치열하지 않았다. 힐러리에게 있어 존 스펜서는 강력한 도전 상대가 아니었는 데도 불구하고 그녀는 여느 후보들보다도 많은 돈을 지출했다. 많은 사람들은 그녀가 대통령 선거를 위한 기반을 다지기 위해 그처럼 많은 돈을 지출했다고 생각한다. 2006년 선거에서 사람들은 그녀의 재임 여부보다는, 그녀가 2008년 대통령 선거에 나갈 것인지에 더욱 관심을 가졌다.

상원의원으로서의
열정

힐러리 클린턴은 선거 유세 활동을 끝내고 성공적으로 의원 활동을 재개했다. 전문가들은 힐러리가 의원이 된 후 초창기에는 스포트라이트를 받기 위해 애쓸 것으로 내다봤다. 힐러리는 8년 동안 영부인으로서 여느 영부인보다도 적극적인 활동을 펼쳤다. 게다가 그녀는 의원직을 맡기 전부터 상원의원들과 관계를 구축해 왔고, 건강보험 개혁을 추진할 때는 의원들과 함께 일하기도 했다. 그녀의 화려한 경험과 인간관계를 고려할 때, 상원의원으로서 그녀의 태도는 많은 사람을 놀라게 했다. 힐러리 클린턴은 자신도 다른 초선의원들과 마찬가지로 신진 상원의원에 걸맞은 태도를 가져야 한다는 것을 아는 듯했다. 그녀는 다른 의원들과 마찬가지로 소위 업무 수행에 필요한 수업들에 참석했으며, 의원으로서의 업무를 새로 배웠다. 힐러리 여사는 경호원들과 함께 상원에 들어가는 것을 제외하고는 다른 초선의원들과 다를 바 없는 활동을 했다. 그녀는 세상의 이목을 끌기 위해 노력하지 않았다.

또한 그녀는 주로 뉴욕 출신의 슈머 상원의원을 통하여 뉴욕 주에 관련된 법안을 발의했다.

　힐러리 여사는 국민과 반대자들의 여러 예측을 뒤집었다. 그녀가 의원으로서의 자리 전환을 비교적 수월하게 한 것처럼 보일 수 있다. 하지만 성공적으로 전환할 수 있었던 이유는 그녀가 영부인으로서 실패한 경험이 있었기 때문이었다. 특히 건강보험 개혁을 이루기 위해 바친 노력은 상원의원 당선이라는 예기치 않은 보상을 가져다주었다. 상원의원으로서 힐러리가 입법적 사안을 위해 애쓸 때, 반대자들은 그녀의 정책적 지식을 의심하지 않았다. 대신 당시의 정치 상황에 대한 이해가 부족하다며 그녀를 비판했다. 그녀는 청문회에서의 진술은 견뎌 냈지만 상원 정치를 이해하지 못 했고, 의회 시스템과 의회 사람들과의 조화로운 일 처리법도 알지 못 했다. 그녀는 상원의원에 재임되면 초선의원 시절 자신을 그토록 괴롭혔던 똑같은 실수를 되풀이하지 않겠다고 결심했다.

　상원으로 들어갈 때 힐러리의 핵심 전략 중 하나는 로버트 버드 상원의원과 친해지는 것이었다. 다른 여러 의원들과 마찬가지로 버드는 몇 년 전 그녀의 건강보험 개혁을 실패하도록 만든 사람 중 하나였다. 버드는 힐러리 상원의원이 영부인 이미지를 이용해 다른 의원과 다른 특별한 대접을 받길 원하는 것으로 예상했다. 그러나 그는 결국에는 그녀의 가장 열렬한 옹호자가 되었다. 힐러리 상원의원은 자신이 의회에 대해 더 배워야 한다는 필요성을 인식했다. 그래서 선거에서 이긴 후 버드 상원의원에게 모범 상원의원이 되는 법을 가르쳐 달라고 부탁했다.

《애틀랜틱 먼슬리》의 기자 조슈아 그린에 의하면, 힐러리 상원의원과 버드 상원의원의 만남은 대중들에게 그녀가 과시하지 않는 의원이라는 이미지를 심어 주었다. 그녀는 버드 상원의원에게 그의 견습생이 되고 싶다는 신호를 보냈다. 뿐만 아니라 힐러리는 초선의원들을 위한 의회 워크숍에서 버드 상원의원이 연설하도록 주선했다. 그 덕분에 그녀는 필요할 때면 언제든 버드의 도움을 받을 수 있었다.

9·11 테러 사건이 터진 후 힐러리 상원의원은 당시 세출위원회 위원장이었던 버드 상원의원에게 금융 지원을 요청했고, 뉴욕 재건을 위해 200억 달러를 확보할 수 있었다. 이처럼 막대한 자금을 확보한 일은 초선의원에게 매우 중요한 입법적 결실이었다.

힐러리 여사는 버드 상원의원의 환심을 사는 것과 더불어 다른 초선의원들보다 특별한 대우를 받길 원치 않는다는 의사를 내비쳤다. 모두들 대중의 관심을 받기 위해 노력할 때에도 그녀는 한발 뒤로 물러나 있었다. 이처럼 힐러리 상원의원이 전투적인 페미니스트처럼 행동할 거라는 세간의 예상은 빗나갔다.

그녀는 동료의원들과 원만하게 지내고 자신에 대한 진보적 고정 관념을 없애려고 노력한 반면, 조용히 의회에 저항하기도 했다. 당시 의회 분위기는 여성 옷차림에 대해서 보수적이었고 치마나 드레스만 입기를 기대했다. 여성들은 여전히 의회 의원석에서는 블라우스 위에 무엇인가를 걸치거나 어깨의 맨살이 드러나지 않도록 신경 써야했다.

힐러리 상원의원은 바지를 입음으로써 작은 반란을 일으켰다. 그 결과 그녀는 공화당과 민주당 여성들에게 인기가 높았다. 한 기자는 그녀가 상원의원 선서식에서 바지를 입었다는 사실을 강조했다. 이는 초선 여성의원들에게서 일반적으로 찾아볼 수 없는 모습이다. 힐러리는 기존의 드레스 코드에 저항함으로써 억압적인 시스템에 굴복하지 않는 모습을 상징적으로 보여 주었다.

아이러니하게도 의원 생활 초기의 힐러리 의원은 조용하고 순종적이었다. 많은 사람들은 의원으로서 그녀 모습이 영부인 당시의 이미지와 비슷할 거라고 예상했다. 그러나 의원 재임 초기에는 그런 모습이 없었다. 일부에서는 클린턴 대통령이 퇴임 직전에 받았던 사면 조치 조사 때문에, 그녀가 의기소침해 있었다고 말하는 사람도 있다. 그러나 그녀는 다른 초선의원처럼 많은 시간을 할애해 의원직에 필요한 규범과 관습을 배웠다.

렉시스넥시스학술 정보나 뉴스를 제공해 주는 온라인 데이터베이스—옮긴이에서 그녀의 1년간 첫 의원직 생활에 대해 검색해 보면 76개의 기사 대부분이 워싱턴 생활에 관한 것이고, 의원 생활에 대한 기사는 별로 없다는 것을 알 수 있다. 나머지 기사들은 남편에게 내려진 사면 조치, 의원 선서를 할 때 입었던 옷, 맨해튼에서 임대했던 사무실 크기에 관한 내용들이다. 처음 1년 동안 그녀는 언론에서 주목할 만한 일들을 하지 않았다. 초선 상원의원이 입법 분야에서 많은 관심을 받기 위해 노력하는 경우는 드물다. 오히려 그들은 성공적으로 의원직을 수행하기 위해 의회 법칙을 배우는 데 시간을 가질 필요가 있었다. 영부인 경험이 있던 힐러리 여사에게 다른 초선의원들보다 상원에 관한 지식이 더 많을지는 몰라도 그녀는 아직 배울 게 많았다. 그녀 역시 다른 초선의원처럼 이 점을 신중히 여겼다.

물론 힐러리 상원의원은 이 기간 동안 뉴욕 신문들로부터 많은 주목을 받았다. 그러나 신문 기사의 대부분은 그녀 남편에 대한 소문이나 그녀의 오빠 그리고 그녀가 받은 청탁성 선물에 관한 것이었다. 오직 몇몇 기사만이 그녀가 상원의원으로서 활동한 내용을 담았고, 조용히 뒷선에서 일하는 모습으로 묘사했다.

그녀가 보여 준 조용한 태도는 초선의원의 바람직한 모습이 아니다. 물론 초선의원은 중견의원들로부터 많은 것을 배워야 하지만, 더 이상 과거 의회의 관습처럼 뒤로 물러나 있을 필요는 없다. 오늘날 우리는 지역을 대표하는 의원들이 그 지역을 위해 열심히 일해 줄 것을 기대한다. 사람들은 초선의원들이 어느 정도 배움의 시간을 거친 후 일을 하고 변화를 가져오길 기대한다. 힐러리 상원의원도 이런 일을 충분히 할 수 있었다.

힐러리 상원의원은 3개 위원회 미 의회 군사위원회, 환경공공 사업위원회, 보건교육 노동연금위원회─옮긴이에 임명됨과 동시에 의원 활동을 시작했다. 또한 미 상원 노인문제위원회에서도 활동했다. 막강한 힘을 자랑하는 세출위원회 활동도 원했지만 초선의원에게는 기회가 오지 않았다. 힐러리 클린턴도 예외는 아니어서, 그녀는 차선책으로 선택한 위원회 일들을 할 수밖에 없었다.

위원회 활동과 더불어 그녀는 각 위원회에 속한 다양한 모임에서도 활동했다. 보건교육 노동연금위원회는 그녀의 관심 분야인 여성과 아동의 문제를 다루고 있었기 때문에, 그녀는 이 위원회의 사안들을 해결하기 위해 지속적으로 노력했다.

정치학자들은 의원들의 선거구 활동을 평가할 때 소위 '홈스타일'에 대해 이야기한다. 힐러리 상원의원의 선거구는 뉴욕 주 전체다. 힐러리 상원의원은 비록 초선의원이지만 대중들은 그녀가 뉴욕뿐만 아니라 나아가 미국 전체를 위해 노력하기를 기대했다.

그녀는 의원 생활이 막바지에 접어들자, 워싱턴이 아닌 지역에도 9개의 사무실을 열었다. 맨해튼 사무실 월세는 50만 달러나 했기 때문에 구설수에 오르기도 했다. 척 슈머 상원의원의 맨해튼 사무실 월세는 20만 달러에 불과했던 것이다. 그러나 사무실을 유지하기 위해 자금을 사용하는 것은 전적으로 상원의원 개인의 재량이었다.

의원들의 주요 활동 중 하나는 법안을 제출하는 일이다. 힐러리 상원의원은 그녀의 첫 법안들을 뉴욕 북부의 경제 활성화에 초점을 맞췄다. 첫 임기 100일이 되는 날, 그녀는 다음과 같은 평을 받았다.

"힐러리는 유명 인사와 열심히 일하는 일꾼의 이미지를 모두 지니고 있다. 국회의사당을 방문한 관광객이 넋을 놓고 쳐다보거나 기자들이 항상 따라다니는 유명 인사인 동시에, 위원회 청문회에 한 번도 빠지지 않고 열정적으로 정책의 세부 사항들까지 파고들며 일하는 의원이다."

이때 그녀는 20개의 법안을 지원했으며, 이는 여느 초선의원이 지원한 법안들보다 많은 수였다. 임기의 첫 1년이 끝날 즈음, 그녀는 316개 법안과 결의안, 법 개정을 지원했다. 이 법안들은 뉴욕 사람들에게 의미가 큰 법안들이었기 때문에 그녀에게도 중요했다. 그녀의 주 관심 분야는 보건과 아동문제였지만 지역적 쟁점 사안들을 위해서도 적극적으로 노력했다.

힐러리는 의원 임기의 첫 1년 동안 31개의 공법을 발의했고, 그중 3개는 상원 결의안이었다. 상원 결의안이란 법적 구속력이 없고 논란의 여지가 거의 없는 법안이다. 힐러리 상원의원이 참여했던 위원회와 관련된 법안들이었는데 주로 재정, 건강, 교육, 노동, 은행, 환경, 사법 분야가 포함됐다.

각 법안들은 분야에 따라 알맞은 위원회로 보내진다. 각 위원회마다 담당 분야가 있기 때문에 법안들이 담당 위원회로 보내져서 지원을 받도록 하는 것이다. 법안을 담당 위원회에 보낼 경우 위원회 단계에서 심의 시간을 벌 수 있다는 장점이 있다. 하지만 이런 이점이 모든 경우에 적용되는 것은 아니다. 힐러리 클린턴이 발의한 31개 법안 중 2개만이 공법이 되었다.

첫 번째 법안은 뉴욕에 위치한 법원의 이름을 서굿마셜법원서굿마셜은 미국 연방대법원 최초의 흑인 판사—옮긴이으로 바꾸는 내용을 담고 있다. 이 법안은 국민의 삶에 영향력이 거의 없는 법안임에도 공법이 되기까지 5개월이 걸렸다. 이 법률은 2001년 3월 21일에 처음 발의된 후, 2001년 8월 20일에 공법이 되었다.

두 번째 공법은 9·11 테러의 피해자들에게 실업 지원을 하는 법안이다. 이 법률은 첫 번째 법률보다 사회에 끼치는 영향이 더욱 컸지만, 이 법률의 주제를 고려했을 때 논쟁을 불러올 확률은 적었다. 힐러리 상원의원의 31개 발의 법안 중 2개만이 공법이 되었는데, 이 정도의 성공률은 전체 발의 법안 중 10%만 정식 법으로 지정되는 다른 의원들의 활동과 비교했을 때 평균에 속한다.

힐러리 상원의원은 재임된 후 입법 의제들에 박차를 가하기 시작했다. 두 번째 임기가 시작되자마자 입법 의제들을 추진하여 53개의 다른 법안들을 지원했다. 53개 법안들 중에 개정안과 상원 결의안이 있다는 점은 주목할 만하다. 그럼에도 불구하고 그녀는 의회 의원으로서 활발하게 역할을 수행해 나갔다. 물론 모든 법안이 똑같은 무게를 가지는 것은 아니다. 가령, 법적 구속력이 없는 상원 결의안은 구속력을 갖는 상원 법안만큼의 중요성을 지니지 않는다. 일례로, 2007년 3월 1일에 힐러리 상원의원은 결의안을 제안했다. 그 결의안은 창립 98주년을 기념해 '전미 유색인종 지위향상협회 NAACP'에게 존중과 찬사를 보내자는 내용을 담고 있었다. 이런 결의안은 당파를 불문하고 논쟁의 여지가 거의 없는 법률이다.

그녀에게 내려진 다양한 평가들

힐러리 여사는 상원에서 활동하면서 총 285개 법안을 지원했다. 그중 40개는 위원회를 통과했고, 통과한 법안들 중 2개만이 법률로 지정되었다. 통과된 법률 수가 상당히 적어 보일 수도 있다. 하지만 상원의원으로서 이 정도의 성공률은 결코 낮은 수준이 아니었다.

힐러리가 2개의 법안을 법률화시킨 것은 다른 의원들과 비교했을 때 평균 수준의 성공률이라고 할 수 있다. 그녀는 자신이 지지하는 법률을 지원함과 동시에 1,478개의 법안을 다른 의원들과 함께 지원했다. 이 정도의 활동 역시 동료들과 비교했을 때 평균적인 수준이다.

투표에 참여하는 것 역시 의원들의 중요한 활동이다. 의원들이 투표에 빠지는 것을 유권자들은 달가워하지 않는다. 따라서 재선거에서 중요한 변수로 작용하기도 한다. 실제로 1998년 뉴욕 상원의원 선거에서 디아마토와 슈머는 상대의 투표 참석 기록을 가지고 서로를 공격했다. 하지만 힐러리에게는 그런 공격을 할 수 없을 것이다. 그녀는 2001년 1월 23일부터 있었던 2,080번의 투표에서 오직 43번만 불참했기 때문이다. 불참한 확률이 약 2% 정도에 지나지 않았다.

이익 단체를 이용해서 의원들의 입법 활동을 평가하는 방법도 있다. 모든 이익 단체들은 그들의 분야에 부합한 법안들을 식별하고, 자신들과 비슷한 성향의 의원들을 파악한다. 이런 분석을 통해 각 의원들이 보수적인지 진보적인지 파악할 수 있다. 이익 단체의 평가제도는 의원들의 투표 활동 기록도 제시하는 데, 주로 학자들이나 투표자들, 다른 이익 단체, 그리고 다른 의원들이 참고한다. 특히 우선순위 입법 의제와 의원들의 신념을 파악하기 위한 목적으로 활용한다.

의원들은 어디에 투표할지 결정할 때 다양한 요소들을 점검한다. 즉 유권자, 이익 단체, 다른 의원들, 정당 대표 그리고 자신의 신념을 토대로 우선순위를 고려하는 것이다. 쟁점 사안들이 특별히 한 지역구에 관한 것이면 의원들은 우선순위를 두고 투표할 것이다. 유권자들의 관심 밖에 있거나 우선순위가 아닌 쟁점들은 다른 통로를 사용해 정보를 취득한다. 정당 대표들은 당의 신념과 관련해 중요한 쟁점이 있을 때마다 의원들에게 영향력을 행사하려고 시도한다. 하지만 미국 정당들의 규율은 힘이 약하다. 또한 당의 대표들이 단합을 촉구하고 제재할 수 있는 수단도 마땅치 않다.

이익 단체 평가제도는 그런 의원들을 위해 정보를 제공하는 등 여러모로 유용하게 쓰인다. 일례로, 힐러리 상원의원은 많은 단체로부터 진보 성향을 가지고 있다는 평가를 받았다. 이익 단체 평가제도에서 실시한 '똑똑하게 선거하기 프로젝트' 기록을 살펴보면 낙태, 교육, 예산, 환경문제 같은 다양한 쟁점에 대한 힐러리 클린턴의 투표 성향을 알 수 있다.

학자들에게 정보를 제공해 주는 가장 저명한 이익 단체로는 상공회의소와 미국시민자유연합이 있다. 상공회의소는 비즈니스 관련 쟁점을 다루고 미국시민자유연합은 인권과 자유에 관한 평가제도를 실시한다.

상공회의소의 평가에서 힐러리 클린턴은 35~50%를 받았다. 그녀가 의원 임기 중 투표로 선택한 사안들이 상공회의소의 의사 및 관심사와 35~50% 정도 일치했다는 것이다. 상공회의소의 평가제도는 의원들의 보수 성향 정도를 나타내는 척도가 되기도 한다. 35~50%라는 결과는, 힐러리 상원의원이 보수보다는 진보 성향이 강하다는 의미이다. 그런데 0%를 받은 의원들도 많다는 사실에 주목해야 한다.

미국시민자유연합의 평가는 상공회의소와 대조적인 결과를 보였다. 미국시민자유연합 평가에 따르면, 힐러리는 2001년부터 2002년 사이 60% 초반 대를 기록했고, 2005년부터 2006년 사이에는 최고 83%까지 기록했다고 한다. 미국시민자유연합은 상공회의소와는 다른 방법으로 진보 성향의 정도를 측정하기 때문에 결과가 반대로 나올 수 있다. 이를 통해 힐러리 클린턴은 상공회의소보다는 미국시민자유연합 입장과 일치하는 쪽으로 투표하는 편이 더욱 자신의 신념과 부합한다는 분석을 내릴 수 있다. 《내셔널 저널》에 의하면, 힐러리 클린턴은 대외 정책에 관련해서는 가장 보수적인 민주당 의원 중 한 명임을 알 수 있다. 오직 5명의 의원만이 힐러리보다 보수적이라는 평가를 받았다.

힐러리 상원의원이 건강보험 개혁을 계속 추진해 왔다는 사실은 별로 놀라운 일이 아니다. 상원의원 시절 건강보험 개혁에 접근하는 방법은 영부인 때와 달랐다. 그녀는 건강보험 정책을 추진시키는 방법을 찾기 위해 상원의원이라는 직위를 사용했다. 그녀의 전략 중 하나는 건강보험과 관련된 관료적인 사무 절차를 집중적으로 조사하는 것이었다. 그 결과 의사들이 많은 서류 업무를 처리하느라 상대적으로 환자에게 할애하는 시간이 적다는 것을 밝혀냈다. 또한 서류 업무에 많은 시간이 걸릴 뿐만 아니라, 서류 업무의 상당 부분이 필요 없거나 비용이 많이 드는 작업이라고 말했다. 그녀는 전자의료기록을 도입해 이 문제를 해결하는 법안을 제시했다.

이 법안을 처리하는 데 있어 주목할 사실은 그녀가 공화당과의 벽을 허물었다는 것이다. 목표 달성을 위해 공화당원과도 함께 일할 수 있다는 그녀의 새로운 전략을 보여 주는 예다. 전자기술을 도입하는 법안은 힐러리가 영부인일 때 고군분투하며 추진했던 방법보다 정치적으로도 더욱 훌륭했다.

가장 최근에 그녀가 발의한 법안은 보건위원회로 넘어간 '아동 보호법의 선택'으로, 저소득층 가족의 유아를 돌보는 시범적인 프로젝트를 제공하는 것이다. 이 법안을 통해 5~7개 주들이 프로그램에 참여할 수 있도록 자금을 지원받게 된다. 힐러리 상원의원은 첫 번째 의원 임기 중에도 이 법안을 발의했지만, 위원회 추천을 받은 것 이외에는 소득이 없었다. 이것은 정치의 법칙이다. 위원회에서 발표하는 법안들보다 훨씬 더 많은 법안들이 발의되는 것이다.

두 번째 임기 때 발의한 법안 중 하나는 'I LEAD Act of 2007'이다. 이 법안 역시 보건위원회로 넘어갔다. 범위가 더욱 포괄적인 이 법안의 목표는, 학생들이 학업에 전념할 수 있도록 효과적으로 교수법을 개발하는 것이다. 또한 저소득층이나 수준이 떨어지는 학교에는 학생을 성공적으로 인도할 수 있는 지도자들을 제공하도록 돕는다. 이 목표를 달성하는 방법은 교장을 고용하고 교육을 해서 리더십과 관리 능력을 키우는 것이다.

힐러리 상원의원의 첫 번째 임기 중 특이한 점은 그녀가 법안을 작성할 때 조딩파적인 기회들을 만들려고 노력했다는 것이다. 의회 내 기도 모임인 펠로우십은 그런 기회를 제공해 주었다. 이 모임은 그녀에 대한 선입견을 없애줌과 동시에 공화당과의 동맹을 구축하는 데 도움을 주었다.

펠로우십 기도 모임은 1930년대부터 시작됐으며, 1943년부터는 정기적으로 조찬 모임을 가졌다. 이 모임은 지금까지도 매주 열리고 있는 몇 안 되는 초당파적 모임 중 하나이다. 이 모임은 항상 참석자 중 한 명이 간증하는 것으로 시작한다. 한번은 보수주의자인 샘 브라운백 상원의원이 건강보험 쟁점에 대한 자신의 견해를 말할 계획이었다. 그러나 힐러리 클린턴을 본 순간 그 내용을 말하지 않았다. 그는 힐러리를 지지하지는 않았지만, 그때만큼은 자신이 그녀와 관련해 저질렀던 행동들에 대해 사과하며 용서를 구했다. 그녀는 이를 받아들였는데, 이 일화는 멋진 이야기이기도 하지만 동시에 중요한 정치적 의미를 내포하고 있다.

그녀는 독실한 기독교인이다. 그녀 삶의 중심에 신앙이 자리 잡고 있다는 점을 고려해 본다면, 그녀가 기도 모임에 참석하는 것도 신앙심 때문일 것이다. 기도 모임에 참석한 후 그녀는 이 모임의 의원들과 함께 당파를 넘어선 입법적 노력을 펼쳤다. 그 결과, 힐러리 상원의원과 브라운백 상원의원은 성적 학대로부터 도망친 피해자를 보호하는 법안과 비디오 게임과 텔레비전의 폭력성이 아동에게 끼치는 영향을 연구하는 법안들을 지지했다.

힐러리 상원의원은 기도 모임에 참석했던 다른 극우파 의원들과도 함께 일했다. 덕분에 그녀의 진보적 이미지도 많이 누그러졌으며 동시에 입법 활동의 기반도 마련할 수 있었다. 이 초당파적 모임을 통해 이익을 본 사람이 힐러리 상원의원에게만 국한된 것은 아니다. 그녀의 보수적인 동료 의원들 역시 그녀와 함께 일함으로써 이익을 누릴 수 있었다. 특히 릭 산토럼, 뉴트 깅리치, 빌 프리스트는 자신들의 보수적인 이미지를 완화할 수 있었다.

영부인을 지낸 힐러리가 그 덕을 본 것이 있다면, 입법 활동을 위해 다양한 사람들을 모아 파트너십을 맺을 수 있었다는 점이다. 힐러리는 2000년 상원의원 선거 당시 20만 개의 일자리를 만들 것을 약속했다. 그러나 뉴욕 북부의 경제 성장을 돕기 위해 일자리를 만들자는 내용을 담은 법안이 위원회에서 통과되지 못하자, 새로운 전략을 썼다. 그녀는 '뉴욕을 위한 새 일자리'라는 단체가 후원한 한 프로젝트에 착수했다. 이 프로젝트는 사기업과 정부 기부금, 그리고 거금을 통한 내부자들의 관계와 불안정한 정책 문제를 해결하려는 의도로 만들어졌다.

힐러리 클린턴은 매우 성공적인 상원의원이다. 2006년, 힐러리 상원의원의 지지율은 74%를 기록했다. 상원의원의 평균 지지율보다 18%가 높은 것이다. 또한 그녀는 유권자들이 상원의원으로부터 기대하는 정보 제공이나 실적 보고, 입장 표명 같은 행동들을 효과적으로 실천하고 있다.

그녀의 사무실에서는 그녀가 뉴욕을 위해 활동한 사항에 대해 정보를 제공하고 있다_{정보 제공}. 또한 그녀가 단독 또는 공동으로 지원한 법안들이 성공하면서 공로를 인정받았다_{실적 보고}. 그리고 쟁점 사안에 대한 그녀의 입장을 정기적으로 밝히고 있다_{입장 표명}.

그녀는 이라크 전쟁 같은 국가적 쟁점에 대해서도 힘 있는 목소리를 내며, 부시 대통령의 결정에 지지를 표명했다. 하지만 이라크 미군 주둔 문제에 대해서는 강경하게 항의했다. 힐러리는 이라크와 아프가니스탄, 파키스탄을 방문한 후, 이라크 전쟁에 더 많은 병사를 파병한다는 부시의 계획에 반대하고 나섰다. 또한 대통령 선거 유세 중간에는 이라크 전쟁에 대해 더욱 강력한 반대 의사를 내비쳤다. 힐러리는 만약 현재 자신이 알고 있는 정보를 과거에도 알았다면, 결코 부시의 행동에 찬성하는 표를 던지지 않았을 것이라고 말했다.

다음 장부터는 그녀의 활동이 상원의원의 입장에서 결정한 것인지, 차기 대통령 선거를 위해 결정한 것인지 구분하기 어려울 수도 있다. 그녀가 결정했던 대부분의 일들은 2008년 대통령 선거와 연관되어 있기 때문이다이 책은 2008년 대통령 선거 전에 쓰였다—옮긴이.

그녀가 의회 뒷좌석에 앉았던 시절은 이미 오래전 일이다. 이제는 뉴욕 사람들을 포함한 모든 사람들이 그녀를 주의 깊게 지켜보고 있다. 그녀는 대통령 선거에 출마한 모든 상원의원처럼 그녀의 지역구 유권자들을 위한 상원의원 역할과 대통령 선거 유세를 위한 일에 균형을 이루어야 한다. 이는 결코 쉬운 일이 아니지만, 힐러리 여사의 능력이라면 충분히 해낼 수 있을 것이다.

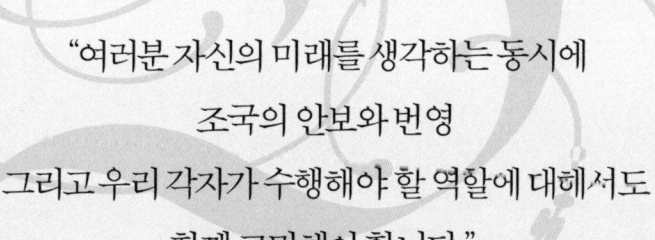

"여러분 자신의 미래를 생각하는 동시에

조국의 안보와 번영

그리고 우리 각자가 수행해야 할 역할에 대해서도

함께 고민해야 합니다."

힐러리 클린턴

HILLARY CLINTON

제8장

여자 대통령을 꿈꾸며

대통령 선거를 위한
첫발　　　　　　　힐러리 로댐 클린턴의 미래는 과연

어떻게 될까?

　파크 리지에 사는 모범생이었던 한 소녀가 이 자리까지 왔다. 힐러리 클린턴에게는 역사를 만들고 마침내 자신의 야망을 실천할 기회가 온 것이다. 또한 남편 클린턴은 힐러리 여사가 상원의원이 된 2000년부터 지속적으로 지지를 보내왔다.

　2008년 대선은 여타 대선 때보다 후보 간 경쟁이 빨리 시작됐기 때문에 시작부터 주목을 받았다. 전통적으로 후보들은 실제 선거가 있기 전 가을까지는 출마 의지를 표명하지 않는다. 그러나 당시 후보들은 이러한 관례를 깨고 출마 의사를 2007년 초부터 발표하기 시작했다. 힐러리 클린턴 상원의원은 대선이 있기 거의 2년 전인 2007년 1월 20일, 대선 출마 의지를 공표하면서 도전을 시작했다. 그녀와 막상막하의 경쟁을 펼치는 버락 오바마 상원의원 역시 2007년 2월 10일, 대선 출마 의지를 선포하면서 경주에 들어섰다.

힐러리 클린턴이 대선에 도전한 첫 번째 여성은 아니다. 지금까지 20명이 넘는 여성들이 시도했었다. 그중 15명은 주요 정당 소속이었다. 하지만 아무도 예비 선거까지 올라가지 못했다. 또한 수많은 여성들이 전당 후보 지명대회 이전에 중도 하차를 선택했다. 2000년에는 엘리자베스 돌이 대선에 출마했다. 하지만 돌은 예비 선거 기간에 탈퇴를 강요받았다. 공화당 후보로 조지 부시 주지사가 유력한 상황에서 충분한 기금을 모으지 못한 것이 그 이유였다. 가장 최근에는 2004년 캐롤 모즐리 브라운이 대선 출마에 나선 민주당 후보 중 한 명이다.

대통령 선거 본선까지 갔던 최초의 여성은 제럴딘 페라로다. 그녀는 1984년 월터 몬대일과 함께 부통령 후보에 올랐다.

여성 대통령을 꿈꾸는 사람들에게 여론조사는 희망을 주었다. 2006년 12월자《뉴스위크》여론조사에 따르면, 86%의 응답자는 여성 후보를 뽑겠다고 대답했다. 물론 이런 결과가 실제 결과와 다를 수 있다는 사실을 명심해야 한다. 과학적인 여론조사는 미국 국민의 생각을 반영하는 유용한 자료이기는 하다. 하지만 어떤 견해에 대해서는 공개적으로 밝히기 꺼려한다. 예를 들어, 여성이 대통령으로 적합하지 못하다는 말은 정치적으로 정당하지 않은 발언이기 때문에 여성 대통령을 진심으로 지지한다는 거짓된 응답을 할 수도 있다. 정확한 숫자를 아는 방법은 여성 후보를 두고 비밀투표에 부치는 수밖에 없다.

미국 정치계에 상대적으로 여성 수가 적은 것에 대해서는 여러 원인이 있을 수 있다. 다른 분야에서는 여성의 진출이 활발하지만, 공직 분야의 여성 진출은 다른 나라에 비해 뒤처지고 있다. 특히 여성 대통령이 한 번도 없었던 고위직에서 이런 현상은 더욱 두드러진다. 이에 대한 원인은 시스템 차원과 심리적 요인으로 나누어 설명할 수 있다.

시스템 차원의 설명은 의회의 구조에 초점을 둔다. 미국 의회는 소선거구 단순다수대표제 SMPD를 채택한다. 즉 최다 득표를 얻은 개인들이 전체 의원석을 차지한다는 것이다. 이 제도하에서는 여성들이 국회의원에 당선되기 위해서 출마를 해야 한다.

이는 비례대표제와 반대다. 비례대표제는 각 정당에서 할당받은 득표율에 맞춰 후보 명단을 제시한다. 이 때는 여성을 후보 명단에 포함시킬 수 있기 때문에 여성의원이 배출될 가능성이 크다. 그러나 소선거구 단순다수대표제에서는 거의 전적으로 여성의 능력에 따라 의원이 될 수 있다. 유권자들이 투표에서 선택해 주지 않으면 의원으로 선출될 기회가 없다. 물론 비례대표제에서도 여성들이 선출되고자 하는 의사를 표명해야 한다. 하지만 후보자 중심의 선거 제도를 가진 미국과는 달리 개별적으로 선거에 출마하지 않아도 된다.

여성의원의 재직률을 가지고도 이 제도를 설명할 수 있다. 첫 번째 선거에서 뽑히면 여성의원들도 남성의원과 마찬가지로 재임될 가능성이 높다. 그러나 초선의원으로 선출되는 자체가 어렵다. 여성이건 남성이건 새로운 후보는 의원 자리가 공석인 지역에서나 뽑힐 확률이 높기 때문이다. 하지만 하원의 재임률이 90%를 웃도는 상황에서 공석은 많을 수가 없다. 이런 이유로 인해 여성들의 선출이 어렵고, 대통령직과 같은 고위직에 출마하는 자격을 갖춘 여성 후보의 수도 적다.

이와 함께 여성들이 공직에 출마하기를 꺼린다는 것도 요인이 된다. 대부분 여성들은 자녀 양육을 최우선 의무로 여기고, 자녀가 성장할 때까지 공직 출마를 미뤄야 한다고 생각한다. 이런 생각도 정치계에 여성의 진출이 줄어드는 또 다른 요인이다.

여성 정치인이 많지 않은 또 다른 이유로는 유권자 성향을 들 수 있다. 일각에서는 미국 사람들은 여성에게 표를 주는 것을 불편해한다고 생각한다. 정치계는 남성들이 제격이고 여성들은 외교와 같은 어려운 정책 사안을 해결할 준비가 안 되어 있다고 보는 것이다. 힐러리 클린턴은 상원의원 선거에서 몇 가지 색다른 경험을 했다.

한 가지는 그녀의 헤어스타일과 주로 검은 정장 바지에 분홍색 스웨터를 어깨에 걸친 의상이 그녀에 관한 기사 중 큰 부분을 차지했다는 것이다. 두 번째 선거에서는 그녀의 의상은 거론되지 않았다. 다만 상대 후보가 그녀가 성형수술을 했다며 외모에 대해 언급했을 뿐이다.

남성 후보의 외모는 선거 운동에 있어 상징적 요소가 되지 않는 한 주목의 대상이 되지 않는다. 라마 알렉산더가 1996년 공화당 예비 선거에 출마했을 때도 마찬가지였다. 당시 그는 보통 사람 이미지를 전달하기 위해 검정과 빨강의 격자무늬 셔츠를 입었다. 이와 비슷하게 버지니아 주의 웹 상원의원은 2006년 선거 기간 내내 아들의 군화를 신었다. 이라크 전쟁에 반대하는 웹의 의사를 상징했기 때문에 주목받았다.

공직에 여성이 적은 이유는 제도적 요인과 심리학적 요인에서 기인한다. 또한 여성이 권력을 가지는 것에 대해 불편해하는 사람들도 있다. 실제로 《뉴스위크》의 최근 여론조사에 따르면, 14%의 응답자들이 설령 자격을 갖추었다고 하더라도 여성에게 표를 주지 않겠다고 대답했다.

힐러리 클린턴은 강력한 대선후보가 되는 길목에 서 있는 첫 번째 여성이다. 2007년 1월 20일, 그녀는 수년의 고심 끝에 공식적으로 2008년 대선에 출마하겠다고 선언했다. 버락 오바마 상원의원의 인기에도 불구하고, 많은 사람들은 그녀를 민주당 후보 지명에 있어 선두주자로 여긴다. 뿐만 아니라 6명의 다른 후보들도 이 경쟁에 뛰어들었다. 힐러리 클린턴은 많은 뉴요커들의 지지를 받는다. 하지만 그녀는 아직도 전국의 수백만 유권자들에게 대선에 출마하고자 하는 그녀의 진실한 마음을 전달해야 할 과제가 남아 있다.

이라크 전쟁을 향한
그녀의 시선

힐러리 클린턴의 선거 운동은 흥미로운 볼거리임이 틀림없다. 그녀는 상원의원 선거 기간 내내 신중했다. 특히 뉴욕 주의 주요 사안들을 제대로 이해하기 위해 경청 투어까지 했던 첫 번째 선거에서는 더욱더 신중을 기했다. 그러한 그녀의 태도는 대선에서도 비슷하게 적용될 것이다. 하지만 비용이 엄청나게 들 것이고 무엇보다 많은 시간이 필요할 것이다. 그녀는 대선에서 상당히 유리한 조건을 가지고 있지만, 이는 다른 많은 후보들도 마찬가지이다.

미국 유권자들에게 힐러리의 인지도는 매우 높은 편이다. 하지만 이 사실이 그녀의 선거 운동에 가장 큰 장애가 될 수도 있다. 부정적이든 긍정적이든 그녀에 대해 자신만의 견해를 가지고 있지 않은 유권자는 거의 없다. 어떤 사람들은 그녀가 의사 결정을 할 때 지나치게 꼼꼼하며 신중하다고 비판한다. 하지만 이런 성향은 오랜 시간 그녀의 특징이었다.

부시 대통령이 이라크 전쟁의 미군 증파 계획을 발표한 적이 있다. 이에 다른 여러 후보들은 즉각 마이크 앞으로 달려갔다. 그러나 힐러리는 이라크와 아프가니스탄, 그리고 파키스탄을 방문하며 이라크에 관한 최신 정보를 수집하기 시작했다. 정보 수집을 마친 후에야 이라크에 파병할 미군의 수를 제한해야 한다는 입장을 공개적으로 밝혔다.

부시 대통령의 2002년 이라크 전쟁 결정에 힐러리가 지지한 데 대해 비판받기도 한다. 이러한 압력은 물론 대부분 민주당 내 행동주의자들로부터 나온 것이다. 이들은 일반 대중보다 훨씬 진보 성향이 짙다. 하지만 민주당 의원 중 국방 문제에 있어서는 힐러리가 가장 보수적이다. 다른 민주당원들에 비해 그녀가 보수적인 성향을 지니고 있는 것은 단순히 전략 때문이 아니다. 정치 칼럼니스트 몰리 이빈스에 따르면 힐러리 클린턴은 '공화당 의원의 아류'다.

실제로 그녀는 2000년 상원의원 선거 연설에서, 미국은 승산이 있는 일은 물론 어려워 보이더라도 취지가 옳은 일도 맡을 준비를 해야 한다고 말했다. 이 발언은 2002년 그녀가 부시 대통령의 이라크 전쟁 결정을 왜 지지했는지 알 수 있게 해 준다. 여기서 주목해야 할 중요한 사항은, 후보들 가운데 힐러리 의원만이 대통령의 외교 관련 요구 사항을 다루는 일에 경험이 있는 유일한 후보라는 사실이다. 그녀는 의회가 대통령의 외교 정책 계획에 일일이 관여할 때 대통령이 어떤 어려움을 겪는지 잘 알고 있다.

다수의 사람들은 힐러리 클린턴이 무력 사용을 반대할 것이라고 생각한다. 하지만 그녀가 군사력에 상당한 호의를 가지고 있다는 증거는 많다. 그녀는 해병에 지원하려고 했지만 나쁜 시력과 여자라는 이유로 입대하지 못했다. 이 이야기는 언론의 주목받지는 못 했지만 이를 통해 힐러리 상원의원의 군대에 대한 인식을 엿볼 수 있다.

최근 그녀는 군대 증강을 지지하고 지뢰 설치 금지를 반대하며 미사일 방어 지출에 동의함으로써 당론을 거슬렀다. 여러모로 힐러리 여사는 다른 동료보다 국방부 관료들과 더 편안한 관계를 유지하고 있다. 이는 그녀가 보수적 도덕적 가치관을 바탕으로 옳고 그름에 대한 교육을 받고 자랐기 때문인 것으로 보인다. 물론 그녀는 권위주의적이지 않고 군대에 대한 남다른 존경심을 가지고 있지만, 그녀의 성장 배경은 권력자들과도 친근한 관계를 가질 수 있도록 하는 데 기여했다.

힐러리 여사는 자신이 과거 이라크 전쟁을 지지하는 표를 던진 것 때문에, 이를 해명하느라 계속 고군분투하고 있다. 이라크 전쟁에 찬성한 과거를 가지고 있는 상황에서 민주당 후보로 선출되기 위해서는 진보주의적 성향이 짙은 민주당 의원들에게 지지를 얻어내야 한다. 그녀는 이런 요소를 신중히 고려해서 이라크 전쟁에 관한 의사를 결정하고 있다. 사실상 상원의원이 아닌 상태로 대선에 출마했다면 상황은 더 간단했을 것이다. 2006년 선거 이후 상하원 모두 민주당이 다수당이 되었다. 이때 의회에는 전쟁의 방향을 바꾸려는 움직임이 거세졌다. 그 결과 전쟁의 재정 정책에 조건을 내걸기로 하는 결정이 내려졌다. 부시 대통령은 자신의 전쟁 정책에 제한을 가하는 법안을 반대한다고 강력히 선언했으며, 지금까지는 이런 선언이 통했다. 하지만 전쟁

기금 차환 마감일이 다가오자 상하원 의원들은 부시 대통령에게 압력을 가하기 위해 고군분투했다. 이 같은 상황은 상원의원 자격으로 대선에 출마하는 의원들에게 상당한 압박으로 작용하기 시작했다. 대통령 선거 정치가 상원에서 치러지는 토론에 직접적인 영향을 끼쳤다. 힐러리 상원의원과 오바마 상원의원 모두 전쟁을 끝내는 구체적 날짜를 지지하는 것을 피하고 있었다. 그런데 2진급 대선후보인 도드 상원의원이 이 사안에 대해 다른 대선후보들이 입장을 밝히지 않는다는 내용을 담은 광고를 게재했다. 그러자 오바마와 힐러리는 2008년 3월을 전쟁 종결일로 하는 방안에 대해 논의하기 시작했다.

2008년 대선에 있어 이라크 전쟁은 단연코 주요 사안 중 하나다. 하지만 이는 초당파적이고 양당 후보 모두 부시 대통령과 자신을 차별화시켜야 하는 사안임에 틀림없다. 흥미롭게도 이 사안은 공화당 후보들에게 더욱 문제가 된다. 힐러리 의원은 전쟁을 찬성하는 표를 던진 데 대해 진심으로 사과했다. 따라서 이제 그녀는 이라크에 파병하는 것을 반대할 수 있게 됐지만, 공화당 의원들에게는 간단한 문제가 아니다. 자신들의 개인적 의사와 부시 대통령을 지지해야 하는 입장 사이에서 균형을 맞춰야 하기 때문이다. 민주당 후보 선거에서 투표할 행동주의적인 공화당 유권자들은 전쟁을 계속 지지할지도 모른다. 이에 비해 대선에서 투표할 중도파 유권자들은 이런 입장을 그다지 달가워하지 않을 수 있다. 공화당 후보들은 이 두 부류의 유권자들에게 통할 메시지를 찾아내야 한다.

다른 후보들과 마찬가지로 힐러리 의원 역시 선거기금을 충분히 확보해야 한다는 도전 과제를 안고 있다. 힐러리 클린턴은 남편 빌 클린턴의 도움을 받을 수 있다는 이점이 있다. 힐러리 의원은 예비 선거나 대선에서 공금을 받지 않기로 결정했다. 이러한 결정으로 인해 독자적으로 그녀가 모으는 기금이 더욱 중요해졌다. 하지만 클린턴 부부가 오랜 기간 정계에 있었기 때문에 지금쯤 기부자들도 기부금을 내는 데 지쳐 있을 수도 있다. 주로 여성과 흑인들이 지속적인 기부자였다. 이러한 우려가 현실로 다가왔다.

2007년 1분기의 대선후보자 재정 보고서에 의하면, 힐러리는 기금 조성에서 선두를 달린다. 하지만 버락 오바마 상원의원보다 100만 달러 정도 더 모았을 뿐이다. 힐러리 의원은 2,600만 달러, 오바마 의원은 2,500만 달러를 모았다. 더욱 중요한 사실은 오바마의 기부자 숫자가 힐러리의 두 배가 된다는 것이다. 또한 오바마에게 기부한 10만 명 중 예비 선거 기간에 자신이 기부할 수 있는 금액의 전부를 낸 사람이 거의 없다는 사실이다. 이 덕분에 오바마 상원의원은 자신의 기부자들로부터 다시 기부금을 받을 수 있다.

힐러리 클린턴이 공금을 받지 않기로 한 결정은 다른 후보에 게도 영향을 끼쳤다. 모금과 지출을 힐러리 상원의원과 비슷한 수준에 맞추기 위해 그들도 공금을 포기해야 하기 때문이다. 지금까지는 오바마 의원만이 힐러리의 페이스를 맞출 수 있었다. 에드워드 전 상원의원은 두 선두주자보다 한참 뒤떨어졌다. 하지만 많은 사람들은 에드워드가 아이오와 주와 뉴햄프셔 주의 초반 선거에서 성공한다면 선두주자들과의 격차를 줄일 수 있다고 예상했다.

대선을 위한 승부수

힐러리가 대통령 선거에 출마하는 데 있어 또 한 가지 염려되는 점이 있다. 그녀가 예비 선거에서는 이길지 몰라도 공화당과 경쟁하는 총선거에서는 이기지 못할 가능성이 높다는 것이다. 총선거와 비교했을 때 예비 선거에서는 유권자들이 보다 극단적 성향의 후보를 뽑는 경향이 있다. 중도파보다는 보수 성향이 아주 짙거나 진보 성향이 매우 강한 후보들을 뽑는 것이다. 민주당에서는 진보 성향이 짙은 후보, 공화당에서는 보수 성향이 짙은 후보를 출마시킨다. 때문에 민주당 예비 선거에서 유권자들은 여성을 대통령 후보로 선택할 가능성이 높지만, 총선거의 유권자들은 그렇지 않을 수 있다. 아이러니한 사실은 힐러리는 보수 성향이 짙은 후보라는 사실이다.

이런 상황을 토대로 힐러리 선거 진영은 대통령 선거를 대비해 흥미로운 결정을 내렸다. 바로 여론조사를 자주 공개하기로 한 것이다. 그녀의 지지율이 높은 결과를 중심으로 공개했다. 일반적으로 대선후보들은 여론조사 공개를 꺼린다. 여론조사 결과가 계속해서 바뀔 수 있기 때문이다. 힐러리 클린턴도 앨 고어처럼 너무 경직되고 치밀하다는 비판을 받는다. 그녀의 헤어스타일에서부터 외도한 남편과 결혼생활을 유지하는 것까지 수많은 비판을 받아 왔다. 이런 영향으로 대학 시절에는 쾌활했던 그녀가 신중하고 방어적인 사람으로 변했다. 웰즐리 대학 동창들은 그녀가 대중에게 보이는 이미지와 실제 성격이 다르다고 증언한다. 그녀는 친구의 남편이 죽었을 때는 친구에게 매주 전화해 주는 사려 깊은 사람이자, 친구의 손자가 태어났을 때는 축하 편지를 써 주는 다정한 사람이라고 한다. 이처럼 실제와 반대되는 그녀의 차가운 이미지를 바꾸기 위해 힐러리 여사가 어떤 전략을 세울지 지켜볼 필요가 있다.

힐러리가 친근한 이미지로 변신할 수 있는 한 가지 방법은 딸과 남편의 도움을 받는 것이다. 만약 힐러리가 대통령에 뽑힌다면 첼시 클린턴은 부모 모두를 대통령으로 두는 영광을 맛볼 수도 있다.

클린턴 부부는 항상 딸의 사생활을 보호해 줄 것을 언론에 요청했고 언론도 이를 존중했다. 특히 첼시가 소녀의 티를 벗어나지 않았을 때인 빌 클린턴의 첫 번째 대통령 선거 유세 당시에는 이 점에 더욱 신중을 기했다. 클린턴 부부는 딸이 힐러리의 대선 유세에 참여할지 여부는 전적으로 딸의 선택이라고 말한다. 첼시도 자신의 삶이 있고 관심사를 지닌 성인이다. 클린턴 부부는 힐러리의 대통령 선거 유세 기간에 언론으로부터 최대한 딸을 보호하고자 한다. 그러나 선거일이 다가올수록 첼시가 힐러리의 선거 유세에서 공개적인 활동을 할 것이라는 추측도 있다. 2000년 힐러리 클린턴의 상원 선거 때도 유세를 도왔기 때문이다.

힐러리 클린턴은 직간접적으로 남편의 덕을 보게 될 것이다. 빌 클린턴은 아직도 대중으로부터 많은 존경과 사랑을 받는 인물이다. 그는 연설할 때마다 대중의 마음을 사로잡는다.

빌 클린턴은 부인을 위한 기금 모금 행사에 참석해 지속적으로 선거 자금을 모았다. 힐러리 클린턴이 대통령 선거에서 이긴다면 빌 클린턴이 어떤 자리를 맡게 될지 추측이 무성하다. 빌 클린턴은 최근 CNN과의 인터뷰에서 급여를 받는 일은 하지 않을 것이며, 그녀와 이해관계가 상충되는 상황 또한 만들지 않을 것이라고 이야기했다. 빌 클린턴은 전적으로 힐러리 뜻에 따르겠다고 했다. 힐러리 클린턴은 남편이 전 세계를 상대로 미국 대사 역할을 했으면 한다고 밝혔다. 그 이유는 클린턴의 국제적인 인기가 국익에도 도움이 되기 때문이라는 것이다. 빌 클린턴은 2007년 가을 이전에는 공석에서 말을 최대한 아낄 것으로 예상된다. 하지만 그는 배후에서 자신만의 몫을 톡톡히 담당하고 있다. 그는 힐러리의 중요한 연설 초본을 평가해 주거나 그녀가 참여하는 공적 행사에 관한 피드백을 주고 있다. 또한 빌 클린턴은 힐러리와 여론조사원 마크 펜과 함께 전략을 논의한다.

빌 클린턴의 측근에 따르면, 힐러리가 알칸소 주에서 이기는 것이 그의 사명이라고 말했다고 한다. 또한 빌 클린턴은 아내가 대통령 선거에서 승리하기를 진심으로 바라며 이를 위해 열심히 하고 있다고 전한다. 알칸소 주는 2000년 대선과 2004년 대선에 나섰던 앨 고어와 케리 상원의원을 뽑지 않았던 곳이다. 모니카 르윈스키 스캔들과 대통령 탄핵 문제 때문에 앨 고어는 대선 운동 때 빌 클린턴과의 연관성을 최소화시키려고 노력했다. 일각에서는 이런 전략 때문에 앨 고어가 2000년 선거에서 상당한 타격을 입었다고 주장한다. 이에 반해 힐러리는 선거 유세에서 남편이 대통령으로서 이룬 업적을 내세우는 전략을 펼쳤다.

힐러리는 똑같은 실수를 반복하지 않았다. 1992년 남편의 대선 때 사용한 '한 명을 키우는 비용으로 두 명을' 같은 구호를 외치는 실수도 반복하지 않았다. 힐러리는 빌 클린턴의 인기에 영합하는 면이 없지 않았다. 하지만 빌 클린턴의 긍정적 영향력에도 불구하고 잠재적인 위험은 항상 존재한다.

빌 클린턴의 과거는 그가 실수할 수 있는 인물이라는 것을 상기시켜 준다. 하지만 힐러리는 필요에 따라 그의 후광에서 벗어나는 법도 알고 있다. 앞으로도 빌 클린턴은 대중이 힐러리를 더 잘 알아 갈 수 있도록 배후에 머물 것이다. 동시에 빌 클린턴은 그녀를 위해 계속 자금을 모으고 있으며 기부금을 최대한 많이 받기 위해 적극적으로 노력하고 있다.

버락 오바마와의 진검 승부

힐러리 상원의원에게는 다른 대통령 후보와는 달리 독특한 도전 과제가 있다. 만약 그녀가 예비 선거에서 이기고 총선거마저 이긴다면, 클린턴 가족과 부시 가족이 번갈아 가며 대통령을 하게 되는 현상이 일어나는 것이다. 즉 부시 가문과 클린턴 가문에서 두 명씩의 대통령이 탄생하게 된다. 만약 힐러리 클린턴이 대통령을 한 번이라도 하게 된다면, 두 가족은 총 24년간 대통령직을 수행한 셈이 된다.《뉴욕타임스》의 칼럼니스트인 니콜라스 크리스토프는 그녀가 대통령이 되면 두 가문이 미국의 민주주의를 위협할 수 있다고 말한다. 크리스토프는 클린턴 상원의원이 자격을 갖춘 후보인지를 따지지는 않았다. 하지만 그는 배우자의 덕을 본 사람보다 스스로 일어선 후보에게 더 높은 점수를 주어야 한다고 주장한다.

24년 동안 두 가문이 번갈아 가며 대통령직을 맡게 된다면, 누구나 대통령 후보에 출마할 수 있다는 열린 민주주의의 본질이 흐려진다고 주장하는 사람도 있다. 물론 대통령 선거보다 훨씬 낮은 단계의 선거에서도 엄청난 비용이 든다는 점을 고려해 봤을 때, 과연 선거가 누구에게나 열린 민주주의인가에 대해서는 의심이 들기는 하지만 말이다.

이런 논란으로 말미암아 힐러리 클린턴이 대선 유세 전략을 세울 때 난관에 봉착할 수도 있다. 논란에서 힐러리 자신을 분리시키거나 변화를 가져올 대통령임을 주장하기 어려워질 수 있다는 것이다. 이러한 이유에서 유권자들은 버락 오바마에게 끌리는 것이다. 버락 오바마 후보는 정치계에서 새로운 인물로 부각되기 때문이다.

후보들은 대선에 출마할 때 종종 워싱턴 정가와 거리를 두는 전략을 사용한다. 하지만 워싱턴 정치에 몸담았던 사람들은 이런 전략을 사용하기 힘들다. 그렇기에 이미 백악관에 살았던 힐

러리 상원의원은 사용하지 못하는, 오바마 상원의원만의 전략이
될 수 있다. 물론 힐러리 상원의원이 첫 여성 대통령으로 당선되
는 일이 변화를 뜻할 수는 있다.

2008년 대통령 선거가 과거와 다른 점은 몇몇 핵심 주들이 예
비 선거 시기를 앞당겼다는 것이다. 미국 대통령 선거는 후보들
이 정당 예비 선거를 거쳐 총선거에서 선거인단의 표를 얻어야
만 최종 당선된다. 이 두 단계를 통해서 대통령 선거의 진행 상
황을 엿볼 수 있다.

이 두 선거는 주 정부가 권한을 가진다. 따라서 유권자가 예비
선거에서 투표를 하기 위해서 당원 자격을 갖추어야 하는지 여
부와 선거 날짜 결정권은 주 의회에게 있다. 그러나 민주당은 오
래전부터 아이오와 주 전당 대회와 뉴햄프셔 주 예비 선거 전에
는 어떤 선거도 치루지 않을 거라고 선언했다. 그다음 선거들의
순서는 각 주 의회가 결정한다.

아이오와 주와 뉴햄프셔 주에서 첫 번째 선거가 열릴 경우, 이
는 후보들이 전략을 세우고 결정을 내리는 데 영향을 준다. 선거
유세 방식도 이 2개 주에서는 달라지는 데, 바로 '소매정치' 전략
을 사용한다. '소매정치'란 후보들이 언론을 이용하기보다는 유
권자들을 개인적으로 직접 만나는 방식에 치중한다는 의미이

다. 이것은 2개 주들이 크지 않기 때문에 가능한 일이다. 후보들은 소규모 모임에서 유권자를 만나거나 유권자의 집들을 방문한다. 하지만 이런 방식은 텔레비전 광고를 활용하는 것보다 상당히 많은 시간이 소요된다.

물론 아이오와와 뉴햄프셔가 미국의 축소판은 아니다. 하지만 이곳에서 치른 선거 결과는 그 후에 있을 예비 선거에 큰 영향을 미친다. 아이오와나 뉴햄프셔에서 승리한 후보들은 그다음 선거에서 이길 수 있는 원동력을 얻기 때문이다. 1992년 대통령 선거에 출마했던 빌 클린턴 주지사도 이런 방식으로 원동력을 얻었다. 뉴햄프셔에서 두 번째로 표를 많이 받음으로써 클린턴은 '돌아온 아이'라고 불리게 되었다. 이는 나머지 예비 선거에서 이기는 데 큰 도움을 주었다.

초반 예비 선거들에서 지지율이 낮을 경우 대통령 선거에 실패할 가능성이 있다. 2004년에 하워드 딘은 막강한 후보자로 인식되었지만 아이오와 주에서 승리를 거두지 못했다. 그 결과 원동력을 잃고 결국 예비 선거에서 실패했다. 이처럼 미국 대통령 선거는 유권자들의 변덕스러운 마음에 따라 결정되기 쉬운 구조를 가지고 있다. 따라서 때론 지나친 감정적인 영향 탓에 유망한 대통령 후보가 낙선되기도 한다.

1988년, 미국 남부에 있는 주들은 '슈퍼 화요일'이라는 날을 만들어 예비 선거에 영향력을 가하려고 노력했다. 남부에 있는 주들은 같은 날에 예비 선거를 가지기로 했다. 이것은 후보들이 선거 유세 전략을 세우는 데 중요한 변수로 작용했다. 미국 남부가 고향인 빌 클린턴 후보는 '슈퍼 화요일'의 도움을 받았다. 뉴햄프셔의 승리에서 탄력을 얻은 후 많은 남부 주들에서 승리할 수 있었고, 마침내 계속된 승리의 행진 끝에 예비 선거에서 이길 수 있었다.

몇몇 큰 주들은 예비 선거를 빨리 치를 때 생기는 장점을 깨닫고 선거 날짜를 앞당기기로 결정했다. 뉴욕은 3월 대신 2월의 첫 번째 주를 예비 선거일로 앞당겼다. 뉴욕뿐만 아니라 나머지 20개 주들도 선거 날짜를 2월 5일로 앞당겼다. 3월에 있는 남부 주의 '슈퍼 화요일'보다 한 달 빠른 셈이다. 이에 따라 2월 5일이면 각 당의 대통령 후보가 확정되었다. 2월 5일을 '미니 대통령 선거일'로 볼 수도 있다.

뉴욕, 뉴멕시코, 델라웨어, 캘리포니아, 코네티컷, 텍사스도 이날 선거를 치른다. 예비 선거일이 변하면 후보들의 방문 계획, 자금, 정치적 도전 과제 등도 영향을 받는다. '슈퍼 화요일'이 한 지역에서만 이루어졌다면, 새롭게 탄생한 미니 대통령 선거는 미국 전역에 흩어져 치러진다. 하지만 이렇게 광범위한 범위의 주들이 동시에 선거를 치르게 되면서부터 후보들은 주 단위의 쟁점 사안을 넘어 국가적 사안들에 초점을 맞추게 된다. 후보들은 더 이상 개별 주에 해당하는 한두 개의 문제에만 초점을 맞출 수 없게 되었다. 주 단위를 넘어선 좀 더 포괄적인 메시지로 유권자들을 설득해야 한다.

공개적으로 후보를 지지하는 발언은 성공적 선거를 치르기 위한 또 하나의 요소이다. 일반적 여론에 따르면, 힐러리 클린턴은 2008년 민주당 대통령 예비 선거의 강력한 후보로 예상된다. 그러나 선두주자가 되려면 흑인 사회의 강력한 지지가 필요하다. 클린턴 부부는 흑인 투표자들로부터 지지를 받아 왔고, 선거에서 승리할 수 있을 것이다. 하지만 버락 오바마 상원의원 역시 흑인 사회의 열렬한 지지를 받고 있기 때문에, 이 부분에서 타격 받을 수도 있다.

2007년 4월자 《뉴욕타임스》는 어느 후보를 지지할지를 두고 고민하는 흑인 지도자들에 대한 기사를 썼다. 많은 흑인들은 오바마가 정치적 경험이 부족하지만, 그를 유력한 후보로 뽑기 시작했다. 이에 따라 힐러리를 공개적으로 지지했던 정치 지도자늘이 2008년 선거를 앞두고 망설이기 시작했다. 그들은 힐러리를 지지해야 할 의무감을 느끼지만, 민주당 후보로 선정될 가능성이 유력한 흑인 후보에게 끌리기 시작한 것이다. 오바마가 모금한 선거 자금을 보면 그가 대중에게 얼마나 인정받고 있는지 알 수 있다. 오바마가 자신을 지지하는 공개적 발언을 얻을 수만 있다면 그의 성공 가능성은 더욱 커질 것이다.

힐러리는 기대했던 사람들로부터 공개적 지지 발언을 얻을 수 없게 될 경우를 대비해 대책을 세워야 한다. 만약 흑인 사회가 오바마를 지지하는 신호를 보이면, 힐러리 상원의원은 그들의 지지를 다시 얻기 위해 상당한 돈과 시간을 쏟아부어야 한다. 게다가 이런 상황은 다른 그룹의 지지를 얻는 가능성도 더욱 떨어뜨린다.

흑인 유권자들의 지지가 필요한 후보들은 힐러리와 오바마뿐이 아니다. 2007년 5월 초, 모든 민주당 후보들은 전미흑인시장연맹에 참석했다. 흑인 유권자의 표가 민주당 후보자들에게 중요했던 것이다. 클린턴 전 대통령은 1992년과 1996년에 흑인들의 많은 표를 받음으로써 승리했다. 항상 일치하는 것은 아니지만, 흑인들의 상당수가 민주당을 지지한다. 많은 흑인들이 투표할 경우 선거의 결과를 바꿀 수 있기 때문에 투표율은 매우 중요하다. 모든 민주당 후보들이 예비 선거 승리를 위해 흑인 사회 지도자들의 환심을 사려는 이유도 바로 여기에 있다.

기술의 발달로 선거 운동에도 새로운 변화가 생겼다. 가장 큰 변화는 인터넷의 사용이다. 인터넷을 이용한 선거 운동이 처음은 아니지만, 2004년 선거에 비해 2008년에는 인터넷의 영향력이 더욱 막강해졌다. 게다가 유튜브와 같은 웹사이트들은 후보들에게 도전과 기회를 동시에 제공한다. 어떠한 연설이나 활동들도 캡처할 수 있고 내려받을 수 있기 때문에, 다양한 정보가 유권자들에게 제공되고 있다. 유튜브에서 힐러리를 검색하면 상당량의 동영상을 볼 수 있다. 일부 동영상은 힐러리 진영에서 만든 합법적인 연설을 담고 있지만, 어떤 동영상들은 출처가 불분명하다. 이런 상황 때문에 힐러리 클린턴을 포함한 모든 후보자들이 메시지를 전달하는 데 통제력을 상실하게 된다. 후보들은 언론에서 보이기 원하는 이미지를 형성하기 위해 노력한다. 이미지 관리의 한 방법으로 후보들이 특정한 종류의 메시지를 고수하고 이에 따라 언론에 보도되는 내용을 통제할 수 있다. 하지만 인터넷이 등장하면서 이 방법을 사용하는 것은 점점 어려워진다.

인터넷은 후보들에게 그들의 유머감각을 보여 줄 기회를 충분히 제공하기도 한다. 힐러리 클린턴의 경우, 선거 유세 홈페이지 http://www.hillaryclinton.com에 다양한 종류의 곡을 올려놓고, 선거 운동 주제곡을 고르는 데 도움을 달라고 부탁했다. 그 후 유권자들이 정해 준 노래를 부르지 않을 거라고 약속하면서 그녀가 미국 국가를 형편없이 불렀던 동영상을 제공한다. 이렇게 스스로를 웃음거리로 만든다. 이를 통해 인터넷을 즐겨 사용하는 젊은 층의 마음을 사로잡고, 유머감각을 보여줌으로써 대중이 쉽게 다가설 수 있는 친근한 이미지를 만들 수 있었다.

클린턴 부부는 선거 운동 주제곡 투표 결과를 유튜브에 공개했는데, 이때 인기 드라마 마지막 장면을 패러디해 선정된 곡인 셀린 디온의 'You and I'을 발표했다. 이때도 역시 대중적으로 인기 있는 드라마를 사용하면서 힐러리의 이미지를 좀 더 가볍게 만들고자 노력했다.

예비 선거나 총선거의 결과와 상관없이 힐러리 클린턴은 이미 역사를 만들었다. 그녀는 상원의원이 된 첫 번째 영부인이자, 대통령이 될 가능성이 있는 첫 번째 여성 후보이기 때문이다. 그녀는 여성이라는 이유 때문에 어린 시절에 품었던 우주 비행사의 꿈을 접었다. 하지만 그녀가 걸어온 길은 여성이 가질 수 있는 마음가짐과 도달할 수 있는 사회적 지위를 보여 주는 하나의 모델이 되었다.

힐러리 클린턴과 빌 클린턴의 관계에 대한 추측이 무성하다. 하지만 힐러리 로댐 클린턴이 자신의 야망을 실현하기 위해 올바른 길을 가고 있다는 사실에는 의문의 여지가 없다.

2007년, 뜨거운 여름

2007년 중반인 현재, 대통령 선거 운동이 한창 진행 중이다. 선거 운동이 예전보다 일찍 2007년 1월에 시작되었음에도 유권자들의 반발은 거의 없는 듯하다. 대신 유권자들의 관심도는 상당히 높다. 아마도 어느 정당의 후보가 승리할지 예측하기 어렵기 때문이다. 힐러리 클린턴은 민주당 후보 중 선두주자로 여겨졌지만 결국 최종 대선후보로 지명되지는 못했다. 민주당에도 누가 선두주자인지 구분하기가 어려운 상황이다. 사실상, 상대적으로 민주당보다 공화당에서 더 많은 이변과 변화가 있었다.

2000년 선거에서 막강한 후보였던 존 매케인은 예상 외로 다른 공화당 후보들보다 뒤처지고 있다. 그는 선거 운동을 시작할 때부터 충분한 기금을 조성하는 데 난항을 겪었다. 심지어 7월 초에는 대선 운동에 다시 참여하기 위해 주요 참모진을 해고하기에 이르렀다. 매케인은 재정적으로 어려운 가운데 프레드 탐슨이 출마할지도 모른다는 달갑지 않은 소문마저 들어야 했다. 프레드 탐슨은 유명한 배우이자 상대적으로 훨씬 더 전통적인 보수파다. 탐슨은 지명도와 인지도 차원에서 오랫동안 출연한 텔레비전 프로그램 '로 앤드 오더'의 덕을 확실히 보고 있었다.

민주당 진영에서는 버락 오바마 상원의원을 최종 후보로 지명하기 위한 여정이 성공적으로 진행되고 있다. 오바마는 2007년 1분기에 놀라울 정도로 많은 기금을 거두었고 이는 2분기에도 이어졌다. 2분기에는 힐러리 진영보다 1,000만 달러가 많은 3,100만 달러를 추가로 모금했다고 한다.

다른 후보들과 달리, 오바마 진영의 기금 조성은 많은 수의 유권자들이 적은 양을 기부하는 방식이다. 오바마는 후원자 수를 늘리기 위해 인터넷과 작은 티켓 이벤트 등을 활용했다. 오바마 진영이 모금한 액수도 경이로운 수준이었지만, 후원자가 늘어나는 속도 역시 놀라웠다.

오바마는 기금 조성을 위해 새로운 방식으로 접근했다. 오바마 진영에는 친구와 부모님의 후원을 유도하겠다고 동의한 자원봉사자들이 9,500여 명 있었다. 물론 일반적인 기부 방식보다는 그 액수가 적다. 하지만 희망적인 것은 나중에 오바마가 공화당 후보와 경쟁할 경우, 더 많은 액수를 기부할 가능성이 높다는 것이다.

오바마는 전형적인 수백 달러 규모의 기부 행사보다 기부 액수가 25달러 정도인 소규모 기부 행사에서 연설을 더 많이 한다. 이렇게 새로운 접근 방식을 취한 것은 비단 오바마뿐이 아니다. 존 에드워드는 이벤트 소식을 문자로 보내기 위해 휴대폰 번호를 수집한다. 또한 에드워드의 참모들은 에드워드 어머니의 조리법을 사용한 피칸 파이 만드는 모습의 동영상을 유튜브에 올렸다. 에드워드를 지지하고 싶으면 이 조리법을 담은 동영상을 6달러 10센트에 살 수 있도록 한 것이다. 이를 통해 에드워드 진영은 일주일 만에 30만 달러를 모았다. 이 동영상을 만드는 데 든 적은 액수에 비하면 수익은 엄청난 규모라 할 수 있다.

재정적인 부분은 모든 진영에서 가장 중요한 요소이다. 오바마 상원의원은 힐러리 클린턴보다 더 많은 기부금을 모으는 데 성공함으로써, 그녀의 지속적인 위협에 대항하여 자신의 입지를 확실히 굳혔다. 그녀는 오바마와 비교하면 민주당에서 지지를 얻기가 더 쉬울지도 모른다. 하지만 새로운 지지자들을 끌어들이고 기금을 조성하는 데 있어서 힐러리보다 앞섰다. 인터넷 상에서의 우위가 최후의 성공을 보장하지는 못한다. 하워드 딘의 경우, 2004년 아이오와 주에서 완패하기 직전까지 인터넷에서는 선전했다.

버락 오바마가 힐러리 클린턴에게 있어서 매우 막강한 경쟁자임에는 틀림없다. 여기서 존 에드워드를 염두에 두지 않을 수 없다. 기금 조성면에서는 오바마나 힐러리에 비해 한참 뒤처져 있다. 그러나 에드워드는 첫 번째 전당 대회가 열리는 아이오와 주에서 인기가 높다는 이점이 있다. 하지만 아이오와 주에서 이긴다고 해서 그 후에도 계속 이긴다는 보장은 없다.

민주당 대선후보가 되기 위해 힐러리가 맞서야 할 여러 도전 과제 중 하나는, 여성 대통령을 선출하는 문제에 대한 유권자들의 마음이다. 여성 대통령을 선출한다는 차원에서 그녀는 어느 정도 진전을 보여 왔다. 하지만 여성을 대통령으로 뽑는 것에 대해 확신이 없는 유권자도 있을 뿐더러, 힐러리 클린턴이 대통령으로 선출되는 것에 부정적인 유권자들도 있다.

흥미로운 사실은 많은 여성들이 남성보다 힐러리 클린턴을 선호하는 데 반해, 나이 많고 결혼한 여성들은 그녀에게 다소 회의

적이라는 점이다. 이는 좋은 소식이기도 하고, 나쁜 소식이기도
하다. 미국에는 여성이 남성보다 많다. 또한 성별의 차이가 있는
경우 공화당보다는 민주당 후보가 유리하다. 이러한 경향이 대
통령 선거에서 중요한 역할을 할지도 모른다. 하지만 나이 많고
결혼한 여성들이 힐러리를 덜 선호한다는 사실은 예비 선거에서
는 부정적인 영향을 끼칠 수도 있다.

여론조사 참가자 중 대부분은 민주당 대통령 후보로 힐러리가
된다면 대통령 선거에서 우승할 것이라고 답했다. 또한 많은 응
답자들은 여성 문제와 국방에 관한 사안에 대해 힐러리가 대통
령으로 잘 수행해 나갈 것이라고 믿었다. 따라서 이 부분에서도
어느 정도 진전을 보였다고 할 수 있다.

힐러리 진영은 그녀의 남편 빌 클린턴이 힐러리를 돕는 데 있
어 균형을 맞추도록 신경 쓰고 있다. 그녀의 남편은 민주당 내에
서 지지율이 높다. 하지만 이 인기 때문에 자칫 힐러리 클린턴이
그의 그늘에 가려지게 될 위험도 있다.

2007년 7월, 클린턴 부부는 아이오와 주에서 처음으로 선거
운동을 했다. 여론조사에 따르면 이 주에서 힐러리 클린턴은 에
드워드 전 상원의원을 뒤좇고 있다. 힐러리의 목표 중 하나는 그
들 부부의 이름 조합 순서를 바꾸는 것이다. 다시 말해, 지금까

지는 항상 빌과 힐러리 클린턴이었다. 이제는 그들의 상대적 지위 변화를 반영해 힐러리와 빌 클린턴으로 바꾸고자 하는 것이다. 하지만 지난 15년간 스포트라이트를 받아 왔는데, 이제 와서 그런 이미지를 바꾸는 것은 힘든 일이다.

남편을 그녀의 선거 운동에 활용하는 데 있어 또 다른 도전 과제는, 빌 클린턴의 언변이 더 뛰어나다는 사실이다. 빌 클린턴은 가능한 말을 짧게 하려고 한다. 하지만 그는 항상 대중에게 친근한 인상을 남기지만, 힐러리 클린턴은 뻣뻣하고 접근하기 어렵다는 인상을 준다.

힐러리 클린턴의 성공이 어느 정도 남편에게 달렸다는 것은 자명한 사실이다. 하지만 그의 역할이 늘어날지 아니면 그녀의 무대를 빼앗는 위험을 줄이기 위해 무대 뒤로 숨을지는, 향후 몇 개월간 더욱 확실해질 것이다.

선거 운동이 진행되면서 양당 후보들은 정치 토론에 참여한다. 대선 역사상 처음으로 도입된 가장 흥미로운 형식 중 하나는, 유권자들이 유튜브에 올린 동영상을 통해 질문하는 것이었다. CNN이 이 토론을 후원하고 진행했다. 다양한 분야에서 질문이 나왔고, 미처 준비하지 못했을 법한 답변을 유도하는 질문도 있었다. 그럼에도 대부분의 유권자들은 검증된 답변에 의존했다.

2007년 7월에 있었던 민주당 토론에서 가장 흥미로웠던 결과는, 힐러리와 오바마 사이에 예의가 없어졌다는 점이다. 대통령 임기 첫해에 쿠바, 베네수엘라, 시리아 등 논란이 많은 외국 지도자들을 만나는 것을 약속하겠느냐는 질문이 있었다. 오바마는 그러겠다고 대답했다. 그쪽에서 원한다면 대화채널을 지속시키는 것이 중요하기 때문이라고 이유를 설명했다. 이에 반해 힐러리는 그러한 약속을 하지 않겠다고 했다. 그 이유는, 약속을 하기 전에 우선 상대방의 의중을 파악하는 것이 중요하기 때문이라고 답했다.

다음 날, 힐러리는 오바마를 비난하면서 국가 안보 의제에 있어 경험 부족을 지적하며 "무책임하고 순진하다"라는 내용의 성명을 발표했다. 이에 대해 오바마는, 힐러리의 답변은 부시 정부가 취한 '불량 국가' 지도자들을 만나는 것과 매우 흡사한 답변이라며 즉각 반격했다. 양측 모두 싸울 준비가 되어 있는 듯하다.

대선 운동이 진행될수록 힐러리가 유력한 후보라는 사실은 점점 더 뚜렷해지고 있다. 하지만 동시에 오바마 상원의원의 성공도 일시적인 것이 아니라 힐러리 클린턴에게 강력한 위협이 될 정도라는 사실도 명확해지고 있다. 두 후보는 상당한 액수의 기금을 조성하는 능력이 있다. 또한 둘은 서로 현저하게 다른 자질과 장점들을 제시한다. 오바마 상원의원은 정치에 신선한 아이디어와 새로운 접근 방식을 제시함으로써 기존과는 다른 신선한 후보라는 점을 인정받았다. 힐러리는 풍부한 정치 경험, 든든한 남편, 그리고 여성 후보라는 참신함을 무기로 가지고 있다.

앞으로 2008년 대통령 선거는 매우 흥미진진한 새로운 선례들을 남기며 전개될 것으로 믿어 의심치 않는다.

·
·
·

연혁표

힐러리 클린턴 연대표

1947년 10월 26일 출생

1965년 고등학교 졸업

1969년 웰즐리 대학교 졸업

1973년 예일 대학교 로스쿨 졸업

1973년~1974년 리차드 닉슨 대통령 탄핵소추를 위해 활동

1975년 아칸소 대학교 로스쿨에서 교수로 재직

　　　　 윌리엄 제퍼슨 클린턴과 결혼

1976년 로즈 로펌에 입사

1978년 지미 카터 대통령에 의해 법률서비스 연합 이사로 임명

1979년 여성 최초의 로즈 로펌 파트너 변호사로 활동

1980년 딸 첼시 출생

1982년~1992년 아칸소 주지사 부인으로 활동

1982년 힐러리 로댐 클린턴을 이름으로 사용하기 시작

1983년 아칸소주가 선정한 '올해의 여성'

1984년 아칸소주가 선정한 '올해의 어머니'

1985년~1992년 월마트, TCBY의 책임 이사로 활동

1988년, 1991년 《내셔널 저널》이 선정한 '가장 영향력 있는 변호사 100인'

1992년~2000년 미국 영부인으로 활동

1993년 건강보험 개혁 대책위원회 의장

1995년 《집 밖에서 더 잘 크는 아이들》출간

2001년 뉴욕 상원의원 당선

2003년 자서전 《살아 있는 역사》 출간

2007년 1월 20일~ 2008년 대선준비 위원회 설립

2009년 미국 국무장관 임명

더 큰 나를 위한 리더십 02

힐러리 클린턴
꿈이 있는 사람은
변화를 두려워하지
않는다

초판 1쇄 인쇄 2010년 8월 20일
초판 1쇄 발행 2010년 8월 25일

지 은 이 니콜 크라사스·데나 레비
옮 긴 이 윤인향
펴 낸 이 신원영
펴 낸 곳 (주)신원문화사

편 집 장경근 김순선 김진희 최미임
디 자 인 송효영
영 업 이정민
총 무 양은선 김희자 정하영 정설화 강수연
관 리 조경화 도재혁 김용권 박윤식
경영지원 윤석원

주 소 서울시 영등포구 당산동 121-245 신원빌딩 3층
전 화 3664 - 2131~4
팩 스 3664 - 2130
출판등록 1976년 9월 16일 제5 - 68호

* 파본은 본사나 서점에서 교환해 드립니다.

ISBN 978-89-359-1537-8 (03840)
ISBN 978-89-359-1535-4 (세트)